PARAMAHANSA YOGANANDA
(1893 – 1952)

RELIGIONENS
Vitenskap

Av

Paramahansa Yogananda

Med forord av

Douglas Ainslie, B.A., M.R.A.S.

Self-Realization Fellowship
FOUNDED 1920
Paramahansa Yogananda

OM DENNE BOKEN: Det tidligste av Paramahansa Yoganandas publiserte skrifter, *Religionens Vitenskap*, inntar en særskilt plass i Self-Realization Fellowships samling av hans bøker og lydopptak. Denne boken er en utvidelse av Sri Yoganandas jomfrutale i Amerika, den historiske talen som for første gang introduserte hans lære i Vesten. Da talen ble holdt i 1920 under en kongress med religiøse ledere i Boston, ble den mottatt med begeistring blant delegatene - og av offentligheten da den ble gjort tilgjengelig i brosjyreform. I 1924 sørget Sri Yogananda for at hans samfunn ga ut en revidert og utvidet versjon, og boken har siden vært fortløpende publisert. Et forord av den eminente britiske statsmann og filosof Douglas Grant Duff Ainslie, ble lagt til i 1928 og inkludert i alle senere utgaver.

Originalens tittel på engelsk utgitt av
Self-Realization Fellowship, Los Angeles (California):
The Science of Religion

ISBN-13: 978-0-87612-005-7
ISBN-10: 0-87612-005-2

Oversatt til norsk av Self-Realization Fellowship
Copyright © 2015 Self-Realization Fellowship

Autorisert av det Internasjonale Publikasjonsrådet i
Self-Realization Fellowship

Self-Realization Fellowships navn og emblem, som vist ovenfor, gjengis i alle SRF bøker, fonogram og andre publikasjoner, og skal forsikre leseren om at det foreliggende arbeid er godkjent av organisasjonen som er opprettet av Paramahansa Yogananda og at det korrekt formidler hans lære.

Første utgave på norsk fra *Self-Realization Fellowship*, 2015
First edition in Norwegian from Self-Realization Fellowship, 2015

Dette opplag 2015
This printing 2015

ISBN-13: 978-0-87612-640-0
ISBN-10: 0-87612-640-9

1167-J3408

DEN ÅNDELIGE ARVEN FRA PARAMAHANSA YOGANANDA

Hans komplette skrifter, foredrag og uformelle taler

Paramahansa Yogananda grunnla Self-Realization Fellowship[1] i 1920 for å spre sin lære over hele verden, og for å beholde dens renhet og integritet for fremtidige generasjoner. Fra å være en omfattende skribent og foreleser i sine tidligste år i Amerika skapte han en mengde berømte og omfangsrike verker om vitenskapelig yogameditasjon, kunsten om balansert levevis og den underliggende enheten av alle store religioner. I dag lever denne enestående og langtrekkende åndelige arven videre og inspirerer millioner av sannhetssøkere over hele verden.

I samsvar med den store mesters uttrykkelige ønsker har Self-Realization Fellowship fortsatt arbeidet med å publisere og trykke *De komplette verkene av Paramahansa Yogananda*. Disse omfatter ikke bare de endelige utgavene av alle de bøkene han offentliggjorde i sin levetid, men også mange nye titler - verker som ikke var utgitt ved hans bortgang i 1952. De omfatter også både ufullstendige føljetonger i Self-Realization Fellowships magasin over mange år og flere hundre av dypt inspirerende foredrag og uformelle

---

[1] På norsk "Felleskapet For Selv-erkjennelse." Paramahansa Yogananda har forklart at navnet Self-Realization Fellowship betyr "Felleskap med Gud gjennom Selv-erkjennelse, og vennskap med alle sannhetssøkende sjeler." Se også "Mål og Idealer for Self-Realization Fellowship".

samtaler som er nedskrevet, men ikke ble trykt før hans bortgang.

Paramahansa Yogananda valgte personlig ut og trente de nære disiplene som leder Self-Realization Fellowship Publication Council, og ga dem spesifiserte retningslinjer for forberedelsen og utgivelsen av sin lære. Medlemmene av SRF Publication Council (munker og nonner som har gitt livsvarige løfter om forsakelse og uselvisk tjeneste) ærer disse retningslinjene som en hellig pakt for at det universelle budskapet fra denne elskede verdenslæreren kan fortsette å eksistere i sin opprinnelige kraft og ekthet.

Self-Realization Fellowships emblem (vist ovenfor) ble utformet av Paramahansa Yogananda for å identifisere at den ideelle organisasjonen han grunnla, var den autoriserte kilden for hans lære. SRFs navn og emblem er påført alle Self-Realization Fellowships publikasjoner og audiovisuelle innspillinger. Det gir leseren trygghet for at produktet stammer fra den organisasjonen som ble grunnlagt av Paramahansa Yogananda, og som formidler hans lære slik han selv ønsket det.

—Self-Realization Fellowship

For hans hengivenhet, gavmildhet overfor mange verdige formål, og banebrytende støtte i grunnleggelsen av Yogoda Satsangas internatskole for gutter i Ranchi, Bihar, India, er denne boken kjærlig tilegnet avdøde ærverdige Maharaja Sri Manindra Chandra Nundy fra Kasimbazar, Bengal.

INNHOLD

FORORD

Av Douglas Grant Duff Ainslie
(1865 – 1952)

(Engelsk statsmann, poet og filosof; delegat til den Internasjonale Filosofiske Kongress, Harvard University)

Denne lille boken gir oss en nøkkel til universet. Ord kan ikke rettferdiggjøre den da vi i det smale rom mellom permene finner både *Vedaenes* og *Upanishadenes* blomst, kjernen i Patanjalis lære, den fremste talsmann for både Yogaens filosofi og metode, og også Shankaras tanker, den største tenker som noensinne har hatt opphold i et dødelig legeme, nå plassert innen de manges rekkevidde for første gang.

Dette er en veloverveid uttalelse fra en som i Østens lære, etter utallige vandringer, fant løsningen på verdens gåter. Hinduene har åpenbart Sannheten til hele verden. Dette er bare naturlig når vi tar i betraktning at for mer enn fem tusen år siden, da våre britiske, galliske, greske og latinske forfedre streifet som barbarer omkring i de store europeiske skoger i søken etter føde, var hinduene allerede opptatt med å spekulere over livets og dødens mysterium, som vi nå vet er ett og det samme.

Det vesentlige punkt som bør bemerkes om Paramahansa Yoganandas lære, til forskjell fra de europeiske filosofer, slike som Bergson og Hegel og andre, er at den ikke er spekulativ, men praktisk, selv når den omhandler de ytterste grenser innen metafysikk. Grunnen er at hinduene, på et enestående vis, har trengt igjennom sløret, og innehar kunnskapen som egentlig ikke er filosofisk, det vil si å elske visdom, men visdommen selv. Når denne kunnskapen blir uttrykt gjennom verbal dialektikk, blir den nødvendigvis underlagt kritikk fra filosofer, hvis liv består i å delta i diskusjoner til enhver tid, som Platon hevdet. Sannheten kan ikke uttrykkes i ord. Når ord blir brukt, selv av en Shankara, vil skarpe sinn alltid finne et smutthull for å angripe. Det begrensede kan i sannhet ikke romme det ubegrensede. Sannheten er ikke en uendelig diskusjon. Den er Sannhet. Derfor er det bare gjennom virkelig personlig erkjennelse, ved praktisering av metoder som Paramahansa Yogananda tilbyr, at Sannheten noensinne kan bli erkjent utenfor enhver tvil.

Alle ønsker lykksalighet, som Paramahansa påviser, men de fleste er ført bak lyset av ønsket om behag og fornøyelse. Buddha selv konstaterte dette tydelig når han hevdet at det er ønsket, når det følges blindt, som fører til hengemyren av elendighet som majoriteten av menneskeheten vandrer hjelpeløst i.

Men Buddha unnlot å fremlegge med tilsvarende tydelighet den fjerde av de fire måter å oppnå tilstanden av lykksalighet på, som vi alle ønsker. Denne fjerde metoden er langt på vei den letteste, men trenger veiledning av en ekspert for å oppnå resultater mest effektivt. Denne ekspert er nå i blant oss for å gi Vesten teknikken, det vil si de enkle regler som har blitt overlevert oss fra århundrer tilbake av Indias fortidige filosofer og som fører til erkjennelse eller tilstanden av varig lykksalighet.

Denne direkte kontakten er fremhevet som særdeles viktig i hinduenes tankegang og praksis. Inntil vår tid har den vært utenfor rekkevidde for alle, unntatt de som er heldige nok å bo i India. Da vi nå har denne kontakten i Vesten, praktisk talt ved vår dørterskel, ville det være uklokt å la sjansen gå fra oss til å utprøve en praksis som i seg selv er ytterst lykksalig – "langt renere lykksalig erkjennelse enn de største gleder som noen av våre fem sanser eller sinnet noensinne kan gi oss," som Paramahansa Yogananda sannferdig erklærer, og legger til: "Jeg ønsker ikke å bringe noe annet bevis om metodens sannhet enn det som fremkommer i vår egen erfaring."

Det første trinn kan være å lese denne lille boken, så vil de andre trinnene for å nå den fullkomne tilstand av lykksalighet følge naturlig.

Jeg konkluderer med å sitere noen få linjer fra min "John of Damaskus," hvor jeg forsøker å antyde poetisk hva denne boken oppnår. Buddha taler, som for oss er Paramahansa Yogananda, siden "Buddha" ganske enkelt betyr, "Han som vet."

Lenge har jeg vandret – lenge, sang han,
Bundet av lenker gjennom utallige livs lidelser
Og følt huggene fra et selv i flammer, i ildfulle begjær.

Funnet er årsaken – funnet, sang han,
Til et selv i ild, i vilt begjær.
Intet hus, O Arkitekt, kan bli bygget mer for meg.

Rystet er dine takstoler, spredt er alle dine bjelker:
Intet hus skal du bygge mer for meg.
Mitt er Nirvana – mitt;
Innenfor min rekkevidde, foran mine øyne ligger det.

Nå, hvis jeg ønsker det, nå kan jeg
Stige evig videre, til evig lykksalighet,
Uten å etterlate et spor av meg her eller noe annet sted.

Men kjærlighet byr jeg deg og blir,
For menneskehetens skyld vil jeg
Bygge broen med mine egne hender,
Og hvis du krysser den, vil du òg vinne

Frihet fra liv og død og smerte,
Og således oppnå evig lykksalighet.

Vi har brobyggeren i blant oss. Med hans egne hender vil han bygge broen – hvis vi virkelig ønsker at han skal gjøre det.

London, England
Februar 1927

FORORD

Årtier før dagens interesse i Østens psykologi og religion, startet Paramahansa Yogananda (1893 – 1952) sitt livsverk ved å bringe Indias tidløse åndelige vitenskap til den vestlige verden. I 1920 ble han invitert til USA som Indias representant til en internasjonal konferanse i Boston, hvor religiøse ledere fra ulike nasjoner var samlet. Forelesningen han holdt under konferansen, hans jomfrutale i Amerika, ble kort tid etter publisert som *Religionens Vitenskap*. Siden den gang har den blitt publisert i ytterligere syv språk og blir brukt som referansebok på colleger og universiteter.

Religionens Vitenskap er en dyptgående, men enkel og kortfattet fremstilling av den felles målsetting for alle sanne religioner og de fire hovedveier som fører til oppnåelse av denne målsetting. Det er et universelt budskap som ikke er basert på dogmatiske trosretninger, men på direkte innsikt i Virkeligheten, og som blir oppnådd gjennom praktisering av eldgamle vitenskapelige teknikker i meditasjon.

—Self-Realization Fellowship

RELIGIONENS VITENSKAP

INNLEDNING

Formålet med denne boken er å utrede hva som bør forstås med religion for å avdekke dens universelle og pragmatiske nødvendighet. Den søker også å presentere det aspektet ved Guddommens idé som har direkte innvirkning på hvert minutt av våre livs motiver og handlinger. Det er sant at Gud er uendelig i Sin natur og Sine aspekter. Det er også sant at hvis vi i samsvar med sunn fornuft lager en oversikt over hva Gud egentlig er, beviser det bare det menneskelige sinns begrensninger i et forsøk på å forstå Gud. Likevel er det i samme grad sant at det menneskelige sinn, til tross for dets mange svakheter, ikke kan slå seg til ro med det som er endelig. Det har et naturlig behov for å tolke det som er menneskelig og endelig i lyset av det som er overmenneskelig og uendelig – hva det føler, men ikke kan uttrykke; hva som oppleves som implisitt, men som omstendighetene nekter å gjøre eksplisitt.

Vår alminnelige forestilling om Gud er at Han er overmenneskelig, uendelig, allestedsnærværende, allvitende og tilsvarende. Innenfor denne allmenne forestillingen er det mange varianter. Noen kaller Gud personlig, noen ser Ham som upersonlig. Hovedsaken som vektlegges i denne boken er at uansett hvilken forestilling vi har om Gud - hvis den ikke påvirker våre daglige holdninger, hvis vi i dagliglivet ikke henter inspirasjon fra den og hvis den ikke viser seg å være universelt nødvendig, er den ubrukelig.

Hvis Gud ikke er oppfattet på en slik måte at vi ikke kan klare oss uten Ham i oppfyllelsen av et ønske, i vår omgang med mennesker, når vi tjener penger, når vi leser en bok, for å bestå en eksamen, når vi utfører de mest ubetydelige eller betydelige oppgaver, da er det åpenbart at vi ikke har følt noen forbindelse mellom Gud og livet.

Gud kan nok være uendelig, allestedsnærværende, allvitende, personlig og barmhjertig, men disse forestillingene er ikke innbydende nok til at vi vil forsøke å erkjenne Ham. Vi kan like gjerne klare oss uten Ham. Han kan nok være uendelig, allestedsnærværende, og så videre, men vi har ingen umiddelbar og praktisk bruk for disse begrepene i våre travle liv.

Vi tyr til disse begrepene kun når vi søker å rettferdiggjøre, i filosofiske og poetiske skrifter, i kunst eller idealistisk språkbruk, vår lengsel etter noe bakenfor vår egen begrensning. Også når vi med all vår skrytende kunnskap er rådville idet vi søker å forklare de vanligste fenomener i universet, eller når vi er strandet i verdens omskiftninger. "Vi ber til den Evig-Barmhjertige når vi har kjørt oss fast," hevder en Østens leveregel. Ellers virker det som om vi klarer oss utmerket i vår hverdag uten Ham.

Disse stereotype begrepene virker som sikkerhetsventiler for våre innestengte menneskelige tanker. De forklarer Ham, men får oss ikke til å søke Ham. De mangler motiverende styrke. Vi *søker* ikke nødvendigvis Gud selv om vi kaller Ham uendelig, allestedsnærværende, barmhjertig og allvitende. Disse begrepene tilfredsstiller intellektet, men trøster ikke sjelen. Hvis de blir respektert og næret i våre hjerter, kan de utvide vår forståelse og gjøre oss moralske og hengivne overfor Ham. Men de gjør ikke Gud til vår egen – de er ikke tilstrekkelig inderlige. De plasserer Gud langt unna verdens dagligdagse anliggender.

Disse begrepene virker fremmedartede når vi er i gaten,

i fabrikken, bak et kasseapparat, eller på et kontor. Ikke fordi vi virkelig er døde overfor Gud og religion, men fordi vi mangler en passende forestilling om dem – en forestilling som kan flettes inn i vårt daglige livs vev. Hvordan vi forestiller oss Gud burde være en daglig, for ikke å si kontinuerlig, veiledning for oss. Selve forestillingen om Gud burde bevege oss til å søke Ham midt i våre daglige gjøremål. Dette er hva vi mener med et pragmatisk og overbevisende Gudsbegrep. Vi burde trekke religion og Gud ut av den blinde troens sfære og inn i våre daglige liv.

Hvis vi ikke legger vekt på nødvendigheten av Gud i hvert eneste aspekt av våre liv og behovet for religion i hvert minutt av vår eksistens, da forsvinner Gud og religion fra våre nære daglige hensyn og blir til et én-gang-i-uken anliggende. I første del av denne boken vil det bli forsøkt å påvise at for å forstå den virkelige nødvendigheten av Gud og religion, må vi vektlegge det begrepet om begge som er mest relevant for hovedformålet med våre daglige og kontinuerlige handlinger.

Denne boken har også til hensikt å peke på religionens universalitet og enhet. Det har vært ulike religioner i ulike tidsaldre. Det har vært heftige stridigheter, langvarige kriger og mye blodsutgytelse over dem. Én religion har stått mot en annen, én sekt har kjempet mot en annen. Ikke bare er det ulikheter mellom religioner, men det er også et stort mangfold av sekter og meninger innen samme religion. Spørsmålet melder seg: Når det er én Gud, hvorfor må det være så mange religioner?

Det kan argumenteres for at spesielle stadier av intellektuell vekst og spesielle typer av mentaliteter som hører hjemme i visse nasjoner, noe som skyldes ulike geografiske områder eller andre ytre omstendigheter, er bestemmende for de ulike religioners opprinnelse. Her kan nevnes hinduisme, islam og buddhisme for asiatene, kristendom for vestlige mennesker, og så videre. Hvis vi med religion kun mener visse ritualer, spesielle læresetninger, dogmer, skikker og konvensjoner, kan det være gode grunner for eksistensen av så mange religioner. Men hvis religion *primært* betyr Gudsbevissthet, eller erkjennelsen av Gud både på det indre og ytre plan, og *sekundært* en samling trosretninger, læresetninger og dogmer, da kan man strengt tatt si at det er bare én religion i verden, for det er bare én Gud.

De ulike skikker, former for gudstjeneste, læresetninger og konvensjoner kan sies å danne grunnlaget for de ulike trosretningers og sekters opprinnelse som er inkludert i den ene religionen. Hvis religion blir forstått slik, da og bare da kan dens universalitet bli opprettholdt, for vi kan ikke gjøre særskilte skikker og konvensjoner universelle. Bare det felles element i alle religioner kan gjøres universelt og vi kan da be alle om å følge det. Da kan det i sannhet bli hevdet at religionen ikke bare er nødvendig, men at den også er universell. Alle kan da følge den samme religion, for det er bare én, da det universelle elementet i alle religioner er ett og det samme. Jeg har forsøkt å påvise i denne boken at *når Gud er én, nødvendig for oss alle, så er religionen én, nødvendig og universell.* Bare veiene til den vil i begynnelsen være forskjellige i visse henseender. Faktisk er det f.eks. ulogisk å hevde at det er to religioner når det bare er én Gud. Det kan nok eksistere to trosretninger eller sekter, men det er bare én religion. Hva vi nå kaller ulike religioner bør bli forstått som ulike trosretninger eller sekter innenfor den ene universelle religionen. Og hva vi nå forstår som ulike trosretninger eller sekter bør bli beskrevet som ulike del-kulter eller trossetninger. Når vi forstår meningen med ordet "religion," som jeg straks skal drøfte, blir vi naturlig nok meget varsom i bruken av det. Det er bare den begrensede menneskelige holdning som unnlater å se det underliggende universelle element i verdens såkalt ulike religioner, og denne unnlatelsen har forårsaket mange onder.

Denne boken gir en psykologisk definisjon av religion, ikke en objektiv definisjon basert på dogmer og læresetninger. Med andre ord søker den å gjøre religion til noe som angår vårt totale indre vesen og våre holdninger og ikke bare overholdelsen av visse regler og forskrifter.

DEL 1

RELIGIONENS UNIVERSALITET, NØDVENDIGHET OG ENHET

Livets felles mål

Først må vi vite hva religion er. Bare da kan vi avgjøre om det er nødvendig for oss alle å være religiøse. Uten at noe er nødvendig, blir det ingen handling. Alle våre handlinger har sine egne mål, noe som får oss til å utføre dem. Folk rundt om i verden handler på ulike måter for å oppnå ulike mål. Det er et mangfold av målsettinger som bestemmer menneskenes handlinger i verden. Men finnes det noe felles og universelt motiv bak alle menneskers handlinger? Finnes det en felles, høyeste nødvendighet for oss alle som driver oss til våre ulike handlinger? Litt analyse av menneskenes motiver og mål i verden vil vise at det endelige mål, som alle andre mål kun underordner seg, er unngåelse av smerte og nød og oppnåelse av varig Lykksalighet. Dette til tross for at det er tusener av nærliggende eller umiddelbare menneskelige mål med hensyn til både kall og yrke som de måtte påta seg. Hvorvidt vi kan unngå smerte og nød for alltid, og oppnå Lykksalighet, er et separat spørsmål. I virkeligheten prøver vi åpenbart å unngå smerte og oppnå behag gjennom alle våre handlinger.

Hvorfor vil et menneske tjene som lærling? Fordi det ønsker å bli ekspert i et visst forretningsforetak. Hvorfor engasjerer det seg i dette spesielle foretaket? Fordi det kan tjene penger der. Hvorfor bør det i det hele tatt tjene penger? Fordi det vil tilfredsstille personlige og familiære behov. Hvorfor bør mennesket tilfredsstille disse behov? Fordi det derved vil fjerne smerte og oppnå lykke.

I virkeligheten er ikke lykke og Lykksalighet det samme. Vi har alle Lykksalighet som mål, men gjennom en stor feiltagelse tror vi at glede og lykke er det samme som Lykksalighet. Hvordan dette har blitt slik, vil straks bli påvist. Det endelige motiv er egentlig å føle Lykksalighet i vårt indre, men lykke eller glede har tatt dens plass gjennom vår misforståelse og har kommet til å bli betraktet som det endelige motiv.

Slik ser vi at innfrielsen av et behov, fjerning av en eller annen fysisk eller mental smerte, fra den minste til den største, og oppnåelsen av Lykksalighet, danner vårt endelige mål. Vi kan kanskje ikke stille spørsmål om hvorfor Lykksalighet bør oppnås, da intet svar kan gis. Det er vårt endelige mål, uansett hva vi gjør – starte en forretning, tjene penger, søke venner, skrive bøker, erverve kunnskap, styre kongeriker, donere millioner, utforske land, søke berømmelse, hjelpe de trengende, bli filantroper, eller slutte oss til martyrium. Det vil vise seg at vår søken etter Gud blir virkelig for oss når vi holder vårt sanne mål omhyggelig i sikte. Våre steg kan være i milliontall, det kan være myriader av mellomliggende handlinger og motiver, men det endelige motiv er alltid det samme – å oppnå varig Lykksalighet, selv om det er gjennom en lang kjede av handlinger.

Mennesket liker vanligvis å følge en kjede av handlinger for å komme frem til det endelige mål. Det kan begå selvmord for å få slutt på en eller annen smerte, eller begå mord for å bli kvitt nød eller smerte i en eller annen form, eller en fryktelig hjertesorg. Dette er fordi det gjennom disse handlinger tror det kan oppnå virkelig tilfredshet og befrielse, noe som det forveksler med Lykksalighet. Men kjernepunktet er at også her streber mennesket (skjønt feilaktig) mot det endelige mål.

Noen vil kanskje si: "Jeg bryr meg ikke om verken glede eller lykke. Jeg lever for å utrette noe, for å oppnå suksess." En annen sier: "Jeg ønsker å gjøre noe godt i verden. Det betyr ikke noe om jeg opplever smerte eller ikke." Men ved å se nærmere på disse menneskers motiver, finner vi det samme arbeid med lykke som mål. Ønsker den førstnevnte å oppnå suksess som ikke gir noen glede eller lykke? Vil den andre gjøre godt mot andre uten selv å bli lykkelig gjennom dette? Åpenbart ikke. De vil kanskje ikke bry seg om alle de fysiske smerter eller mentale lidelser som er påført av andre eller som oppstår fra situasjoner og som er forbundet med streben etter suksess eller å gjøre godt mot andre. Fordi den ene finner stor tilfredshet i suksess og den andre setter stor pris på gleden ved å gjøre godt mot andre, søker den første suksess og den siste andres ve og vel til tross for tilfeldige vanskeligheter.

Selv det mest uselviske motiv og den mest oppriktige hensikt for å fremme menneskehetens beste for dens egen skyld, har sprunget ut av en grunnleggende trang etter en foredlet personlig lykke som nærmer seg Lykksalighet. Men dette er ikke lykken til en trangsynt selv-søker. Det er lykken til en vidsynt søker etter det "rene selv" som er i deg og meg og alle. Denne lykken er Lykksalighet, noe fortynnet. Når ren Lykksalighet er motivet bak uselvisk handling, vil ikke dette mennesket blottlegge seg for anklagen om snever selviskhet, da man ikke kan oppnå ren Lykksalighet med mindre man er vidsynt nok til å ønske og søke den for andre også. Dette er en universell lov.

En universell definisjon av religion

Hvis motivene bak alle menneskers handlinger blir sporet lenger og lenger tilbake, vil det endelige motiv vise seg å være felles for alle – å fjerne smerte og oppnå Lykksalighet. Da dette mål er universelt, må det bli betraktet som det mest nødvendige. Og det som er universelt og mest nødvendig for mennesket, er selvfølgelig dets religion. *Derfor består religion nødvendigvis av varig fjerning av smerte og erkjennelse av Lykksalighet, eller Gud.* Og handlingene som vi må ta i bruk for varig unngåelse av smerte og erkjennelse av Lykksalighet eller Gud, blir da kalt religiøse. Hvis vi forstår religion på denne måten, blir dens universalitet åpenbar. For ingen kan nekte for at man ønsker å unngå smerte for alltid og å oppnå varig Lykksalighet. Dette må bli universelt innrømmet da ingen kan motsi denne sannhet. Selve menneskets eksistens er knyttet til dette faktum.

Ut fra denne definisjonen ønsker alle å leve fordi de elsker religion. Samme definisjon gjelder til og med mennesket som begår selvmord, for ved å begå denne gjerningen, tror det at det vil oppnå en lykkeligere tilstand enn det vil finne i livet. Uansett tror det at det vil bli kvitt en eller annen smerte som har vært uutholdelig. I dette tilfellet er menneskets religion umoden, men den er likevel religion. Målet er fullkomment berettiget, det samme som alle har, da alle ønsker å oppnå lykke, eller Lykksalighet. Men midlet er uklokt og på grunn av dette menneskets uvitenhet, vet det ikke hva som vil føre til Lykksalighet, alle menneskers mål.

Hva det betyr å være religiøs

Derfor er alle mennesker i en viss forstand religiøse ettersom alle prøver å kvitte seg med nød og smerte for å oppnå Lykksalighet. Alle arbeider mot det samme mål. Likevel er bare noen få mennesker religiøse i egentlig forstand, for bare noen få, selv om de har samme mål som alle andre, kjenner de mest effektive midler til å fjerne all smerte og nød for alltid – fysisk, mental, eller åndelig – og oppnå sann Lykksalighet.

Den sanne disippel kan ikke slutte seg strengt til en trang ortodoks oppfatning av religion, selv om en slik oppfatning har en fjern forbindelse med den oppfatning jeg her bringer frem. Anta at du for en tid ikke har deltatt i seremonier eller formaliteter i kirken eller tempelet, og at du handler religiøst i dagliglivet ved å være rolig, balansert, konsentrert, nestekjærlig og henter lykke fra de mest krevende situasjoner. Vanlige mennesker fra en uttalt ortodoks eller trangsynt tilbøyelighet, vil da nikke med hodet og erklære at du likevel "faller utenfor" sett fra religionens synspunkt, eller i Guds øyne, fordi du i det siste har uteblitt fra de hellige steders enemerker.

Da det selvsagt ikke er noen gyldig unnskyldning for å utebli permanent fra slike hellige steder, kan det på den annen side ikke være noen gyldig grunn til å bli betraktet som mer religiøs ved å gå i kirken og samtidig forsømme prinsippene som religionen fremmer. Disse er prinsippene som til sist fører til oppnåelsen av permanent Lykksalighet. Religion er ikke sammenfallende med benkene i kirken, heller ikke er den bundet til seremoniene som blir utført der. Hvis du har en ærbødig holdning, hvis du alltid lever ditt daglige liv med tanke på bringe inn uforstyrret Lykksalighet i det, vil du være akkurat like religiøs utenfor kirken som i den.

Selvsagt må ikke dette forstås som et argument for å utebli helt fra kirken, som ofte er en stor hjelp på mange områder. Poenget er at du skulle gjøre like stor innsats for å oppnå evig lykke utenfor kirketiden som den du gir avkall på når du fra kirkebenken lytter til en preken. Dette betyr ikke at å lytte til en preken ikke er en god ting i seg selv, for det er det så avgjort.

Religion "binder" oss til velvillige lover

Ordet "religion" er avledet fra det latinske *religare,* å binde. Hva er det som binder, hvem binder det og hvorfor? Ved å legge til side en ortodoks forklaring, er det åpenbart at det er "vi" som er bundet. Hva er det som binder oss? Selvfølgelig ikke kjettinger eller lenker. Vi kan si om religion at den binder oss kun med regler, lover, eller påbud. Og hvorfor? For å gjøre oss til slaver? For å nekte oss tankens og handlingens frihet? Det høres urimelig ut. Ettersom religion må ha et fyllestgjørende motiv, må også dens motiv for å "binde" oss være godt. Hva er så det motivet? Det eneste fornuftige svar vi kan gi, er at religion binder oss med regler, lover og påbud for at vi ikke skal degenerere eller forbli i elendighet – legemlig, mentalt, eller åndelig.

Vi kjenner alle til legemlig og mental lidelse. Men hva er åndelig lidelse? Å være uvitende om Ånden. Den er alltid nærværende, dog ofte ubemerket, i enhver begrenset skapning, mens legemlig og mental smerte kommer og går. Hvilke andre motiver av ordet "binde" kan vi tilskrive religion enn det som er nevnt ovenfor og som verken er meningsløse eller frastøtende? Avgjort må andre motiver, hvis de finnes, være underordnet det motiv som er nevnt.

Er ikke definisjonen av religion som allerede er nevnt i samsvar med det før nevnte motiv i ordet "binde", grunnbetydningen av religion? Vi sa at religion delvis består i å unngå smerte, elendighet og lidelse for alltid. Nå kan ikke religion bare bero på å bli kvitt noe, som for eksempel smerte. Den må også bero på å få tak i noe annet. Den kan ikke bare være negativ, men må også være positiv. Hvordan kan vi unngå smerte for alltid uten å holde fast ved dens motsetning – Lykksalighet? Selv om Lykksalighet ikke er en eksakt motsats til smerte, så er den i hvert fall en positiv bevissthet som vi kan holde oss fast i for å unnslippe smerte. Selvfølgelig kan vi ikke for alltid henge i luften av en nøytral følelse som verken er smerte eller det motsatte. Jeg gjentar at religion består ikke bare i å unngå smerte og lidelse, men også oppnåelse av Lykksalighet, eller Gud (at Gud og Lykksalighet er synonyme i én betydning, vil bli forklart senere).

Ved å se nærmere på motivet innen religionens grunnbetydning (binde), når vi frem til den samme definisjon av religion som vi nådde ved å analysere menneskets handlingsmotiver.

Religion er et spørsmål om grunnprinsipper

Religion er et spørsmål om grunnprinsipper. Hvis vårt grunnleggende motiv er å søke Lykksalighet, eller lykke, bør vi ikke da kalle denne trang den mest dyptliggende i den menneskelige natur når det ikke er en eneste handling vi gjør, ikke et eneste øyeblikk vi lever, som i siste instans ikke er bestemt av dette endelige motiv? Og hva vil religion være hvis den ikke på en eller annen måte er sammenflettet med den rotfestede trang i den menneskelige natur? Hvis religion skal være noe som har livsverdi, må den basere seg på livsinstinkter eller trang. Dette er en *a priori* begrunnelse for religionsbegrepet som er fremsatt i denne boken.

Hvis man repliserer med at det er mange andre menneskelige instinkter (sosiale, selvbevarende og så videre) i tillegg til behovet for lykke, og spør hvorfor vi ikke skulle tolke religion i lys av også disse instinkter, er svaret at disse instinkter er enten underordnet instinktet for å søke lykke eller er for uløselig knyttet til sistnevnte til å påvirke i vesentlig grad vår tolkning av religion.

For å gå tilbake til vårt tidligere argument enda en gang, *at det som er universelt og mest nødvendig for mennesket er religion for det.* Hvis det som er mest nødvendig og universelt ikke er religion for mennesket, hva kan det så være? Den kan selvsagt ikke være det som er tilfeldig og variabelt. Hvis vi prøver å gjøre penger det eneste som krever oppmerksomhet i livet, da blir penger religion for oss – "dollaren er vår Gud." Det dominerende livsmotiv, uansett hva det måtte være, er religion for oss.

Hvis vi ser bort fra den ortodokse tolkning, vil prinsippene for handling, og ikke intellektuell bekjennelse til dogmer eller overholdelse av seremonier, bestemme hvilken religion vi har, uten behov for vår personlige kunngjøring. Vi behøver ikke å vente på teolog eller prest for å navngi vår sekt eller religion. Våre prinsipper og handlinger har millioner av måter å fortelle det til oss selv og andre på.

Det viktigste er at bak hva det enn måtte være vi dyrker med blind eksklusivitet, er det alltid ett grunnleggende motiv. Det vil si at hvis vi gjør penger eller oppnåelsen av livets nødvendigheter eller luksus til et være eller ikke være i vår eksistens, vil det fremdeles ligge et dypere motiv bak våre handlinger. Vi søker disse ting for å avskaffe smerte og tilveiebringe lykke. Dette grunnleggende motiv er menneskehetens virkelige religion. Andre sekundære motiver utgjør pseudo-religion. Fordi religion ikke blir oppfattet på en universell måte, blir den henvist til skyenes sfære og av mange mennesker betraktet som en fornem adspredelse for kvinner, gamle og svake.

Universell religion er pragmatisk nødvendig

Slik ser vi at Universell Religion (eller religion som er forstått på denne måten) er praktisk eller *pragmatisk* nødvendig. Nødvendigheten av den er ikke kunstig eller påtvungen. Selv om nødvendigheten innerst inne er forstått, er vi likevel ikke helt klar over det, uheldigvis. Hadde vi vært det, ville smerte ha forsvunnet fra verden for lenge siden. For det som et menneske vanligvis holder for virkelig nødvendig, vil det søke uansett risiko. Hvis mennesket mener at det å tjene penger er virkelig nødvendig for å underholde sin familie, vil det ikke vike tilbake for farer for å skaffe seg disse. Det er synd at vi ikke betrakter religion for å være tilsvarende nødvendig. Istedenfor betrakter vi den som et ornament, en dekorasjon, og ikke som en bestanddel av menneskets liv.

Det er også svært synd at selv om menneskets mål i denne verden nødvendigvis er religiøst, ettersom det alltid arbeider mot å fjerne nød og oppnå lykke, har likevel mennesket blitt villedet, på grunn av visse alvorlige feiltagelser, til å betrakte sann religion utfra definisjonen vi nettopp har gitt, som mindre vesentlig.

Hva er årsaken til dette? Hvorfor oppfatter vi ikke den virkelige nødvendighet i stedet for den opplagte uvesentlighet? Svaret er: Samfunnets uheldige sider og vår egen sansetilknytning.

Det er selskapet vi omgås som avgjør for oss om ulike ting er nødvendige. Tenk på påvirkningen fra personer og

omstendigheter. Hvis du ønsker å gjøre et Vestens menneske
til et Østens, er det bare å plassere det blant asiater; eller
hvis du ønsker å gjøre et Østens menneske til et Vestens, er
det bare å plassere det blant europeere – og legg merke til
resultatet. Det er opplagt og uunngåelig. Vestens menneske
lærer å like skikkene, vanene, klærne, måten å tenke og leve
på, måten å betrakte Østens ting på, og Østens menneske
vil komme til å like vestens ting. Selv deres standard for
sannhet synes å variere.

De fleste mennesker er enig i at deres verdslige liv, med
sine bekymringer og gleder, ve og vel, er verdt å leve. Men
om nødvendigheten for den Universelle Religion, er det få
eller ingen som noensinne vil minne oss på. Derfor er vi
ikke helt mottakelig for den.

Det er et faktum at mennesket sjelden ser utenfor sirke-
len det er plassert i. Alt som faller innenfor egen sirkel, vil
det rettferdiggjøre, følge, kopiere, måle seg med, og føle at
det er normen i tanke og atferd. Hva som er bak menneskets
egen sfære, overser det eller nedvurderer betydningen av.
En advokat, for eksempel, vil prise og være mest opptatt av
det som angår lov og rett. Andre områder vil som regel være
av mindre betydning for ham.

Den pragmatiske og praktiske nødvendighet av den
Universelle Religion er ofte forstått som kun en teoretisk
nødvendighet, hvor religion blir betraktet som et intellektu-
elt anliggende. Hvis vi forstår det religiøse ideal bare gjen-
nom vårt intellekt, tror vi at vi har nådd idealet og at vi ikke
trenger å leve det eller å erkjenne det. Det er en stor feilta-
gelse fra vår side å forveksle pragmatisk nødvendighet med
teoretisk nødvendighet. Mange ville kanskje innrømme,
med en smule ettertanke, at Universell Religion sikkert er
den varige unngåelse av smerte og den bevisste erkjennelse

Paramahansa Yogananda sammen med noen av delegatene ved den Internasjonale Kongress av Religiøse Liberale i oktober 1920, Boston, Massachusetts. Sri Yogananda talte for den fremstående forsamling om "Religionens Vitenskap."

Unity House, stedet hvor den Internasjonale Kongress av Religiøse Liberale holdt til

Paramahansa Yogananda taler i Denver, Colorado i august 1924

av Lykksalighet, men få forstår betydningen av og den praktiske nødvendighet som denne religionen bringer med seg.

DEL 2

FORSKJELLEN PÅ SMERTE, BEHAG OG LYKKSALIGHET

Den grunnleggende årsak bak smerte og lidelse

På dette tidspunkt er det nødvendig for oss å undersøke den grunnleggende årsak bak smerte og lidelse, mental og fysisk, hvor den Universelle Religion delvis hviler på unngåelsen av disse.

Først og fremst skulle vi forsikre oss om, fra vår felles erfaring, at vi alltid er oss bevisste om at vi er den aktive kraft som utfører alle våre mentale og legemlige handlinger. Riktignok utfører vi mange forskjellige funksjoner – sansning, tenkning, hukommelse, følelse, handling, og så videre. Likevel fornemmer vi at under disse funksjonene er det et "jeg," eller et "selv," som styrer dem og tenker om seg selv som vesentlig det samme gjennom hele den fortidige og nåværende eksistens.

Bibelen sier, "Vet I ikke at I er Guds tempel, og at Guds Ånd bor i eder?" [1] Som individer er vi alle gjenspeilte åndelige Selv av den universelle lykksalige Ånd – Gud. Akkurat som når det viser seg mange bilder av solen når den er reflektert i mange kar fylt med vann, slik er menneskeheten tilsynelatende delt i mange sjeler som bebor disse legemlige og mentale redskaper og derfor ytre sett adskilt fra den ene universelle Ånd. I virkeligheten er Gud og mennesket ett og adskillelsen er bare tilsynelatende.

[1] Apostelen Paulus' første brev til korinterne 3:16

Når vi nå er velsignet ved å være gjenspeilte åndelige Selv, hvorfor er vi da fullstendig uoppmerksom på vår lykksalige tilstand og istedenfor underlagt fysisk og mental smerte og lidelse? Svaret er at det åndelige Selv har bragt seg i denne nåværende tilstand (hva enn prosessen måtte være) ved å identifisere seg med et forbigående legeme og et rastløst sinn. Ved å bli identifisert på denne måten, føler det åndelige Selv seg trist eller glad over en tilsvarende usunn og ubehagelig eller sunn og behagelig tilstand i legeme og sinn. På grunn av denne identifisering, blir det åndelige Selv uopphørlig forstyrret av disse flyktige tilstander.

For å ta den figurative betydning av identifisering: En mor som er dypt identifisert med sitt eneste barn, lider og føler intens smerte ved blott å høre om hennes barns på-ståtte eller virkelige død, mens hun kanskje ikke føler slik smerte hvis hun hører om døden til nabokonens barn som hun ikke har identifisert seg med. Nå kan vi forestille oss bevisstheten når identifiseringen er virkelig og ikke bare figurativ. Derfor er *følelsen av identifisering med det forgjen-gelige legeme og et rastløst sinn kilden og hovedårsaken til vårt åndelige Selvs lidelse.*

Når vi forstår at identifisering av det åndelige Selv med legemet og sinnet er hovedårsaken til smerte, kan vi nå vende oss mot en psykologisk analyse av de umiddelbare og nærliggende årsakene bak smerte og mot forskjellen mel-lom smerte, behag og Lykksalighet.

Den umiddelbare årsak bak lidelse

På grunn av denne identifisering ser det ut til at det ån-delige Selv har visse tendenser – mentale og fysiske. Ønsket om oppfyllelsen av disse tendensene skaper behov og behov avler smerte. Disse tendensene er enten naturlige eller selvskapte, hvor naturlige tendenser avler naturlige behov og selvskapte tendenser avler selvskapte behov.

Et selvskapt behov blir med tiden til et naturlig behov gjennom vanen. Uansett hva behovet måtte være, avler det lidelse. Jo flere behov vi har, desto større er mulighetene for lidelse, for jo flere behov vi har, desto vanskeligere blir det å oppfylle dem. Jo flere behov som forblir uoppfylt, desto større er smerten. Hvis ønsker og behov vokser, vokser også smerten. Hvis derfor et ønske ikke har noen utsikt til umiddelbar oppfyllelse, eller møter en hindring, vil smerte oppstå umiddelbart.

Og hva er så et ønske? Det er ikke annet enn en ny tilstand av "anspenthet" som sinnet forårsaker selv – et innfall som sinnet erverver gjennom samvær med andre mennesker. Derfor er *ønsket, eller forøkelsen av tilstanden av anspenthet i sinnet, kilden til smerte og lidelse,* men det er også feilen vi begår ved å oppfylle behov ved først å skape og forøke dem, for deretter å tilfredsstille dem med ting i stedet for å redusere dem fra starten av.

Det kan se ut som om smerte noen ganger oppstår uten noe forutgående ønske – for eksempel smerten fra et sår. Men vi bør observere her at ønsket om å forbli i en tilstand av sunnhet, som bevisst eller ubevisst er til stede i våre sinn og krystallisert inn i vår fysiologiske organisme, i dette tilfellet blir motarbeidet av en usunn tilstand, nærværet av såret. Når derfor en viss anspent tilstand i sinnet, i form av et ønske, ikke blir tilfredsstilt eller fjernet, blir smerte resultatet.

På samme måte som ønsket fører til lidelse, slik fører det også til behag. Den eneste forskjellen er at i første tilfellet blir behovet, som er knyttet sammen med ønsket, ikke tilfredsstilt. I det andre tilfellet blir behovet, som er knyttet sammen med ønsket, tilsynelatende tilfredsstilt gjennom ytre ting.

Denne behagelige opplevelsen som skyldes oppfyllelsen av behov gjennom ytre ting, varer ikke, men dør hen, og vi beholder bare minnet om tingene som syntes å ha fjernet behovet. I fremtiden vil følgelig ønsket om disse tingene livne til gjennom hukommelsen, og det oppstår igjen en følelse av behov, som nok en gang fører til ubehag hvis det ikke blir oppfylt.

Behag er en dobbel bevissthet

Behag er en dobbel bevissthet som består av en "anspent bevissthet" ved å eie den begjærte tingen, og at ubehaget ved å ønske tingen ikke lenger er til stede. Her er det et element av både følelse og tanke til stede. Denne sistnevnte "kontrast-bevisstheten", det vil si hele bevisstheten (hvordan jeg følte ubehag når jeg ikke hadde det ønskede objekt, og hvordan jeg ikke føler ubehag nå ettersom jeg har oppnådd den ønskede tingen), er hva som utgjør behagets tiltrekning.

Derfor ser vi at bevisstheten om behov går forut for en behagelig bevissthet, og at behovets oppfyllelse fører til behag. Derfor er det behov og oppfyllelsen av disse som behags-bevisstheten handler om. Det er sinnet som skaper behov og som oppfyller det.

Det er en stor feiltagelse å betrakte et visst objekt som behagelig i seg selv og så lagre ideen om det i sinnet i håp om å oppfylle et behov ved nærværet av det i fremtiden. Hvis ting var behagelige i seg selv, ville samme klesdrakt eller føde alltid behage alle, noe som ikke er tilfelle.

Det som regnes som *behagelig* er sinnets skapelse – *det er en villedende og anspent bevissthet, avhengig av tilfredsstillelsen av den forutgående ønsketilstand og den påfølgende kontrast-bevissthet.* Jo mer en ting ansees å fremkalle en behagelig bevissthet og jo mer ønsket om den er næret i sinnet, desto større er muligheten for å hige etter tingen selv, hvor nærværet av den ansees å føre til en behagelig bevissthet og fraværet av den en følelse av behov. Begge disse bevissthetstilstander fører i siste instans til lidelse.

Hvis vi virkelig vil redusere lidelse, må vi så langt som mulig gradvis befri sinnet fra alle ønsker og behov. Hvis ønsket etter en spesiell ting, som antas å fjerne vårt behov, blir fordrevet, vil ikke den villedende og anspente bevissthet om behag oppstå, selv om tingen er i vårt nærvær.

Men i stedet for å minske eller redusere følelsen av behov, øker vi den vanligvis og skaper nye og forskjellige behov ved å tilfredsstille ett av dem, noe som resulterer i ønsket om å oppfylle dem alle. For å unngå pengemangel, for eksempel, starter vi en forretning. For å holde forretningen i gang, må vi ta hensyn til tusener av behov og nødvendigheter som det å holde forretningen i gang medfører. Hvert behov og nødvendighet medfører i sin tur andre behov og mer omsorg, og så videre.

Slik oppdager vi at den opprinnelige lidelse som ledsaget pengemangel blir tusen ganger større gjennom skapelsen av andre behov og interesser. Selvsagt er det ikke skadelig eller unødvendig å drive en forretning eller tjene penger, men det blir skadelig hvis poenget er ønsket om å skape større og større behov.

Å forveksle midlet med målet

Hvis vi gjør penger til vårt hovedformål når vi arbeider mot ett eller annet formål, starter vår galskap. Da blir midlet målet og det virkelige formål er mistet av syne. Da starter igjen vår lidelse. I denne verden har alle oppgaver å utføre. La oss for ordens skyld gjennomgå det tidligere nevnte eksempel.

Familiemannen må tjene penger for å underholde sin familie. Han starter en forretning og begynner å ta seg av detaljene som skal sikre at forretningen lykkes. Hva hender så etter en stund? Forretningen lykkes og pengene hoper seg kanskje opp, inntil det er mye mer enn nødvendig for å dekke hans egne og hans families behov.

Nå skjer ett av to ting: Enten blir pengene tjent for deres egen skyld og en særegen tilfredsstillelse blir følt gjennom denne hamstring, eller det kan hende at hobbyen med å drive forretningen for dens egen skyld vedblir eller vokser desto mer. I begge tilfeller ser vi at midlet for å dekke de opprinnelige behov – som var målet – har blitt et mål i seg selv: pengene eller forretningen har blitt målet.

Eller det kan hende at nye og unødvendige behov blir skapt og hvor et forsøk blir gjort for å oppfylle disse med "ting." Uansett vil vårt fokus ledes bort fra Lykksalighet (som vi av natur forveksler med behag og dette siste blir da vårt mål). Da vil formålet vi åpenbart startet forretningen med bli sekundært i forhold til skapelsen av betingelser eller midler. Og ved roten av denne skapelsen av bedre betingelser eller økte midler, oppstår et ønske etter dem i form av en anspent tilstand eller følelse, men også gjennom et mentalt bilde fra fortiden hvor disse betingelsene fremkalte behag.

Naturligvis vil ønsket søke oppfyllelse når disse betingelsene foreligger. Når det er oppfylt, oppleves behag og når det ikke blir oppfylt, oppleves ubehag. Og fordi behag, som vi har antydet allerede, blir født av ønsket og er forbundet med forbigående ting, fører det til anspenthet og ubehag når disse tingene forsvinner. Slik starter vår lidelse.

Kort sagt ser vi fra det opprinnelige formål med forretningen, som var å fjerne fysisk nød, at vi nå fokuserer på midlene – enten på forretningen selv eller på hamstring av rikdom som en følge av denne – eller noen ganger på skapelsen av nye behov. Fordi vi finner glede i disse blir vi trukket inn i ubehag, som vi påpekte alltid er et indirekte resultat av behag.

Det som gjelder for å tjene penger, gjelder også for enhver handling i verden. Hver gang vi glemmer vårt sanne mål, oppnåelsen av Lykksalighet eller tilstanden, betingelsen, eller levesettet som til sist fører til den, retter vi vår udelte oppmerksomhet mot tingene som vi feilaktig tror er midlene eller betingelsene for Lykksalighet, og gjør dem til mål i seg selv. Da vil våre behov, ønsker og forventninger fortsette å vokse og vi er på vei mot lidelse og smerte.

Vi bør aldri glemme vårt mål, men plante en hekk rundt våre behov. Vi bør ikke la de vokse stadig mer, da de til sist bare vil forvolde oss lidelse. Imidlertid mener jeg ikke at vi ikke skal tilfredsstille nødvendige behov som oppstår fra vår forbindelse med verden, eller bli uvirksomme drømmere og idealister, hvor vi ser bort fra vår egen vesentlige rolle i å fremme menneskelig framgang.

For å oppsummere: Lidelse kommer altså fra ønsker og på en indirekte måte også fra behag. De er som lyktemenn og narrer folk inn i myren av behov for å gjøre dem enda mer fortvilte.

Slik ser vi at ønsket er roten til all lidelse som oppstår fra identifisering av Selvet med sinnet og legemet. Det vi bør gjøre er å *tilintetgjøre tilknytningen ved å kvitte oss med følelsen av identifisering* og bryte tilknytningens og identifiseringens bånd. Da de er iscenesatt av den Store Regissør, bør vi spille våre roller på verdensscenen med hele vårt sinn, intellekt og legeme, men innerst inne forbli så uanfektet og uberørt av bevisstheten om behag og smerte som skuespillerne på en scene.

Lykksalighet oppstår ved å bryte båndet av legemsidentifisering

Når vi oppviser selvbeherskelse og når identifiseringen er brutt, oppstår Lykksalighet i oss. Så lenge du er menneskelig, er ønsker uunngåelig. Ved å være menneskelig, hvordan kan du da erkjenne din guddommelighet? Ha fornuftige ønsker først, deretter stimuler ønsket om edlere ting mens du hele tiden prøver å oppnå Lykksalighet. Du vil føle at båndet av din individuelle tilknytning til de ulike ønsker automatisk blir brutt.

Det betyr at fra det rolige senter av Lykksalighet, vil du til sist lære å *forkaste* dine egne trivielle ønsker og bare føle de som blir oppmuntret i deg av en stor lovmessighet. Derfor sa Jesus Kristus: "Skje ikke min vilje, men Din." [2]

Når jeg sier at oppnåelse av Lykksalighet er det universelle mål i religion, mener jeg ikke med Lykksalighet det som vanligvis blir kalt fornøyelse, eller den intellektuelle tilfredsstillelse som ledsager oppfyllelsen av ønsker og behov og som er blandet med opprømthet, som når vi sier at vi er gledelig opprømt. I opplevelsen av Lykksalighet er det ingen opprømthet, heller ikke er det en kontrast-bevissthet: "Min smerte og mitt behov er blitt fjernet med de og de objektene." Det er en bevissthet om fullkommen ro – en bevissthet om vår rolige natur, ubesudlet av den inntrengende bevissthet om at det ikke er noen lidelse mer.

En illustrasjon vil tydeliggjøre poenget. Jeg har et sår og føler smerte. Når det er leget, føler jeg behag. Denne behagelige bevisstheten består i en anspent tilstand eller følelse, og en konstant bevissthet om at jeg ikke lenger føler smerte i såret.

---

[2] Lukas 22:42

Mennesket som har oppnådd Lykksalighet vil, selv om det måtte pådra seg et fysisk sår, føle at tilstanden av ro verken var blitt forstyrret når såret eksisterte, eller at roen var gjenvunnet når det ble leget. Det føler at det passerer gjennom et smerte-behag-univers som det i virkeligheten ikke har noen forbindelse med, og som verken kan forstyrre eller forsterke den rolige eller lykksalige tilstand som strømmer inne i det uten opphør. Denne tilstand av Lykksalighet er fri fra både tilbøyeligheter og sinnsbevegelser som er involvert i behag og smerte.

Det er både et positivt og et negativt aspekt ved Lykksalighet. Det negative aspektet er fravær av behag-smerte-bevissthet. Det positive er den transcendentale tilstand av en høyere ro som inkluderer bevisstheten om en stor ekspansjon og erkjennelsen av "alt i Én og Én i alt." Tilstanden har sine graderinger. En oppriktig sannhetssøker får en liten smak av den, mens en seer eller profet er fylt av den.

Da behag og smerte har sin opprinnelse i ønsker og behov, bør det være vår plikt – hvis vi ønsker å oppnå Lykksalighet – å fordrive alle ønsker, unntatt ønsket om Lykksalighet, vår virkelige natur. Hvis alle våre forbedringer – vitenskapelige, sosiale og politiske – blir ledet av dette felles universelle mål (å fjerne smerte), hvorfor skulle vi da innføre et fremmed mål (behag) og glemme å bli varig befestet i det som er ro eller Lykksalighet?

Uvegerlig vil den som nyter behag ved god helse enkelte ganger føle smerte på grunn av dårlig helse, da følelsen av behag avhenger av sinntilstanden, det vil si ideen om god helse. Det er ikke noe galt i å nyte god helse, heller ikke er det galt å søke den. Men å være tilknyttet den og å være påvirket av den i sitt indre, er hva det blir advart mot. Det betyr å nære ønsker som vil føre til lidelser.

Vi bør søke god helse, ikke for behaget i den, men fordi den gjør utøvelsen av oppgaver og oppnåelsen av våre mål mulig. En eller annen gang vil den bli motarbeidet av det motsatte, dårlig helse. Men Lykksalighet er ikke avhengig av noen spesiell tilstand, ytre eller indre. *Den er Åndens naturlige tilstand.* Derfor frykter den ikke å bli motarbeidet av noen annen tilstand. Den vil for alltid strømme uopphørlig videre, i nederlag eller suksess, i sunnhet eller sykdom, i velstand eller fattigdom.

DEL 3

GUD SOM LYKKSALIGHET

Det felles motiv for alle handlinger

Den tidligere nevnte psykologiske diskusjon om smerte, behag og Lykksalighet, vil med hjelp av de to følgende eksempler klargjøre min forestilling om den høyeste felles nødvendighet og om Guddommen, noe som innledningsvis ble drøftet til en viss grad.

Jeg bemerket i begynnelsen at hvis vi observerer menneskenes handlinger nøye, vil vi konstatere at det ene grunnleggende og universelle motiv som ligger bak menneskets handlinger er unngåelse av smerte og, som en konsekvens, oppnåelse av Lykksalighet, eller Gud. Motivets første del, unngåelse av smerte, er noe vi ikke kan benekte hvis vi undersøker motivene bak alle gode og dårlige handlinger som blir utført i verden.

Hvis vi ser på tilfellet om personen som ønsker å begå selvmord og om det ekte religiøse mennesket som oppviser selvbeherskelse overfor tingene i verden, kan det ikke være tvil om at begge prøver å kvitte seg med smerten som plager dem. Begge prøver å gjøre slutt på smerten for alltid. Hvorvidt de lykkes eller ikke, er en helt annen sak, men hva deres motiv angår, står de likt.

Men er alle handlinger i verden *direkte* tilskyndet av ønsket om oppnåelse av varig Lykksalighet, eller Gud, den andre delen av alle handlingers felles motiv? Har en

ugjerningsperson oppnåelse av Lykksalighet som over-
hengende motiv? Neppe. Årsaken til dette ble pekt på under
diskusjonen om behag og Lykksalighet. Vi konstaterte at på
grunn av det åndelige Selvets identifisering med legemet,
har det fått for vane å gi etter for ønsker og den påfølgende
skapelse av behov. Hvis disse ønsker og behov ikke blir dek-
ket, leder de til smerte - eller til behag hvis de blir dekket.

Men her inntreffer en skjebnesvanger feiltagelse hos
mennesket. Når et behov er dekket, blir mennesket opp-
stemt på en behagelig måte og ved en uheldig feiltagelse
fester det oppmerksomheten på tingene som skaper denne
oppstemte følelse. Det antar at det er disse tingene som er
hovedårsakene til følelsen av behag. Mennesket glemmer
her at det tidligere hadde en spent forventning i sinnet i
form av ønsker eller behov og at det senere hadde en annen
spenning i sinnet som erstatter den første i form av det
behag som tingene de oppnådde synes å frembringe. I vir-
keligheten oppsto én spenning i sinnet og ble erstattet av en
annen i det samme sinn.

Ytre ting er bare foranledninger – de er ikke årsaker. En
fattig persons ønske om delikatesser kan bli tilfredsstilt med
en alminnelig søtsak og denne oppfyllelsen vil fremkalle
følelsen av behag. Men en rik persons ønske om delikates-
ser vil kanskje bli tilfredsstilt bare med det beste bakverk
og oppfyllelsen vil gi en tilsvarende følelse av behag. Er da
behag avhengig av ytre objekter eller av sinnstilstanden?
Naturligvis den sistnevnte.

Men, som vi nevnte, er behag en spenning i sinnet.
Derfor er det aldri berettiget å drive ut spenningen i ønsket
med en annen spenning, det vil si, spenningen som er følt
i behaget. Fordi vi gjør dette, vil sinnets spenninger aldri ta
slutt og vår følelse av smerte og behag vil heller aldri ta slutt.

Bare Lykksalighet kan effektivt roe ned sinnets spenninger

Hva vi bør gjøre er å bringe *til ro* anspentheten som ledsager ønskene og ikke blåse liv i eller fortsette den med anspentheten som ligger i behaget. Denne roen er muliggjort på en effektiv måte bare gjennom Lykksalighet, som ikke må forstås som kynisme, men som en høyere tilstand av likegyldighet overfor både smerte og behag. Alle mennesker søker å oppnå Lykksalighet ved å oppfylle ønsker, men de stopper ved behag slik at ønskene aldri opphører og blir trukket inn i malstrømmen av lidelse.

Behag er en farlig lyktemann. Likevel er det forbindelsen med det behagelige som blir motivet for våre fremtidige handlinger. Dette har vist seg å være like villedende som en luftspeiling i ørkenen. Behag, som vi har nevnt tidligere, består av en anspent bevissthet pluss en kontrasterende bevissthet i og med at smerten ikke finnes lenger. Når vi sikter mot behag i stedet for Lykksalighet, legger vi alt til rette for å løpe hodestups inn i virvelen av en uvitende eksistens med behag og smerte i uopphørlige vekslinger. Vi havner i en sørgelig lidelse fordi vi endrer synsvinkelen fra Lykksalighet til behag.

Slik ser vi at selv om menneskehetens virkelige mål er unngåelse av lidelse og oppnåelse av Lykksalighet, søker mennesket, gjennom en skjebnesvanger feiltagelse, et villedende noe som kalles behag og forveksler det med Lykksalighet.

At oppnåelse av Lykksalighet og ikke behag er den universelle og viktigste nødvendighet, er indirekte bevist ved det faktum at mennesket aldri er tilfreds med en ting som oppleves behagelig. Det vil alltid flytte seg fra én ting til en annen, fra penger til klær, fra klær til eiendom, derfra til ekteskapelig lykke – det er en rastløs rekke av handlingsforløp. Derfor utsettes mennesket for lidelse, selv om det ønsker å unngå den gjennom midler det anser som riktige. Likevel synes det som om en ukjent og utilfredsstilt lengsel fortsetter å oppholde seg i menneskets hjerte.

Et religiøst menneske (det andre eksempelet jeg foreslo å vise) vil alltid ønske å anvende passende religiøse metoder som muliggjør kontakt med Lykksalighet, eller Gud.

Når jeg sier at Gud er Lykksalighet, mener jeg selvfølgelig også at Han er alltid-eksisterende og at Han også er *bevisst* Sin lykksalige eksistens. Og når vi ønsker Evig Lykksalighet eller Gud, er det underforstått at med Lykksalighet ønsker vi også evig, udødelig, uforanderlig, alltid-bevisst eksistens. At vi alle, i alle livsstadier, ønsker Lykksalighet, har blitt påvist *a priori*, og gjennom en drøfting av menneskenes motiver og handlinger.

For å gjenta argumentet på en litt annen måte, anta at et eller annet høyere vesen kommer til oss og sier til alle mennesker på jorden: "Hør, alle skapninger i verden! Jeg gir dere evig sorg og lidelse sammen med evig eksistens. Vil dere motta det?" Ville noen like dette forslaget? Ikke én. Alle ønsker evig Lykksalighet (*Ananda*) sammen med evig eksistens (*Sat*). Når vi betrakter all verdens motiver, er det et faktum at det er ingen som ikke ville like å oppnå Lykksalighet.

På samme måte er det ingen som liker tanken på tilintetgjørelse. Hvis den blir bragt på bane, vil vi skjelve av en slik idé. Alle ønsker å eksistere for alltid (*Sat*), men hvis vi ble gitt evig eksistens uten *bevissthet* om den eksistensen, ville vi avslå det. For hvem ville vel akseptere en eksistens bare under søvn? Ingen. Vi ønsker alle bevisst eksistens.

For å summere ønsker vi evig, lykksalig, bevisst eksistens: *Sat-Chit-Ananda* (Eksistens-Bevissthet-Lykksalighet).

Dette er hinduenes navn på Gud. Av pragmatiske grunner har vi lagt vekt på det lykksalige aspekt ved Gud og vårt motiv for å oppnå Lykksalighet. Vi har utelatt aspektene omkring *Sat* og *Chit*, det vil si *bevisst eksistens* (hvor også andre aspekter ved Ham ikke er behandlet her).

Hva er Gud?

Hva er Gud? Hvis Gud er noe annet enn Lykksalighet og hvor kontakt med Ham ikke medfører Lykksalighet, eller medfører bare smerte og lidelse, eller hvis kontakten med Ham ikke fjerner lidelse, bør vi da ønske Ham? Nei. Hvis Gud er noe som er unyttig for oss, ønsker vi Ham ikke. Hva er verdien av en Gud som alltid forblir ukjent for oss og hvis nærvær ikke er åpenbar i vårt indre i det minste i noen forhold i våre liv?

Uansett hvilken forestilling vi danner oss om Gud som følge av vår fornuft (som "Han er transendental" eller "Han er immanent"), vil de alltid forbli vage og uklare, med mindre de blir direkte følt. I virkeligheten holder vi Gud på trygg avstand hvor vi noen ganger oppfatter Ham som et personlig vesen og andre ganger *teoretisk* tenker om Ham som inne i oss.

Det er på grunn av denne vaghet i vår forestilling og erfaring vedrørende Gud, at vi ikke er i stand til å forstå den virkelige nødvendighet for Gud og religionens nytteverdi.

Denne farveløse teori eller forestilling mislykkes i å overbevise oss. Den forandrer ikke våre liv, heller ikke påvirker den vår oppførsel på en merkbar måte eller får oss til å prøve å kjenne Gud.

Beviset for Guds eksistens ligger inne i oss selv

Hva sier den Universelle Religion om Gud? Den sier at beviset for Guds eksistens ligger inne i oss selv. Det er en indre opplevelse. Du husker sikkert minst ett øyeblikk i ditt liv når du, under bønn eller tilbedelse, følte at legemets begrensninger nesten forsvant og at opplevelsen av dualitet i behag og smerte, triviell kjærlighet og hat og så videre forsvant fra ditt sinn. Ren Lykksalighet og fred vellet opp i ditt hjerte og du nøt en uforstyrret ro – Lykksalighet og tilfredshet.

Selv om denne type høyere opplevelse ikke kommer ofte til alle, er det likevel ingen tvil om at alle mennesker, en eller annen gang, i bønn, tilbedelse eller meditasjon har nytt noen få øyeblikk av ublandet fred.

Er ikke dette et bevis på Guds eksistens? Hvilket tydeligere bevis kan vi anføre for Guds eksistens og natur enn eksistensen av Lykksalighet i oss selv under ektefølt bønn eller tilbedelse? Likevel har vi det kosmologiske bevis for Guds eksistens: Fra virkning kommer vi frem til årsak, fra verden til Verdens-Skaperen. Så har vi også det teleologiske bevis – fra *telos* (plan, tilpasning) i verden, kommer vi frem til den Høyeste Intelligens som skaper planen og tilpasningen. Også det moralske bevis finnes – fra samvittighet og tanken på fullkommenhet, slutter vi oss til et Fullkomment Vesen som vi står til ansvar overfor.

Likevel må vi innrømme at disse bevisene er mer eller mindre produkter av ren slutning. Vi kan ikke ha fullstendig eller direkte kunnskap om Gud gjennom intellektets begrensede evner. Intellektet gir oss en delvis og indirekte oppfatning av tingene. Å betrakte en ting intellektuelt er ikke det samme som å være ett med den. Det er å betrakte den som atskilt fra oss. Men intuisjon, som vi senere skal forklare, er den direkte forståelse av sannheten. Det er gjennom denne intuisjon at Lykksalighet eller Guds-bevissthet blir erkjent.

Det er ikke en skygge av tvil om den absolutte identitet av Lykksalighet og Guds-bevissthet, fordi når vi erkjenner Lykksalighet, føler vi at vår snevre individualitet har blitt forandret, at vi har hevet oss over dualiteten av triviell kjærlighet og hat, behag og smerte, og at vi har oppnådd et stadium hvor det smertefulle og meningsløse ved alminnelig bevissthet blir meget tydelig.

Så vil vi føle en indre ekspansjon og altomfattende sympati for alle ting. Verdens tumulter svinner bort, oppjagede følelser forsvinner og "alt i Én og Én i alt"-bevisstheten synes å demre for oss. En strålende visjon av lys viser seg. Alle ufullkommenheter, alle ujevnheter, synker hen i intethet. Er da ikke Lykksalighet det samme som Guds-bevissthet, hvor de nevnte tilstander av erkjennelse viser seg?

Derfor er det åpenbart at Gud ikke kan bli bedre oppfattet enn som Lykksalighet hvis vi prøver å bringe Ham innen rekkevidde av alles rolige erfaring. Gud vil da ikke lenger være en antagelse som vi teoretiserer over. Er ikke dette en mye edlere forestilling om Gud? Han blir opplevd ved å manifestere Seg i våre hjerter – under bønn eller tilbedelse.

Religion blir gjort allment nødvendig bare når Gud er oppfattet som Lykksalighet

Hvis vi oppfatter Gud på denne måten, som Lykksalighet, da og bare da kan vi gjøre religion allment nødvendig. For intet menneske kan nekte for at det ønsker å oppnå Lykksalighet, og hvis det ønsker å oppnå den på rette måten, må det bli religiøst i den forstand at det tar kontakt med og føler Gud, beskrevet som meget nær menneskets hjerte som

Lykksalighet. Denne Lykksalighet eller Guds-bevissthet kan gjennomsyre alle våre handlinger og stemninger, hvis vi er åpne for den. Hvis vi oppfatter dette korrekt, blir vi i stand til å vurdere den relative religiøse betydning av alle menneskets handlinger og motiver på denne jord.

Straks vi er overbevist om at oppnåelsen av Lykksalighet er vår religion, vårt grunnleggende mål, vil all tvil om meningen med de mangfoldige læresetninger, påbud og forbud innen de forskjellige trosretninger i verden forsvinne. Alt vil bli forklart i lys av det utviklingstrinn som det er bestemt for.

Sannheten vil skinne frem, livets mysterium vil bli løst og det vil bli kastet lys over våre livs detaljer med deres ulike handlinger og motiver. Vi vil bli i stand til å skille den nakne sannhet fra de ytre vedheng av religiøse doktriner og å se verdiløsheten av konvensjoner som så ofte villeder folk og skaper avstand mellom dem.

Dessuten, hvis religion blir forstått på denne måten, er det ikke noe menneske i verden – barn, ungdom eller gammel – som ikke kan praktisere den, uansett stilling i livet, det være seg student, arbeider, advokat, doktor, snekker, akademiker eller filantrop. Hvis avskaffelse av en følelse av mangel og oppnåelse av Lykksalighet er religion, hvem er det som ikke vil prøve å være religiøs og som ikke vil prøve å være det i høyere grad dersom de korrekte metodene blir gjort kjent?

Her vil ikke spørsmålet melde seg om religionenes mangfoldighet – om Kristus, Muhammed eller Sri Krishna. Siden alle til sist vil prøve å bli religiøse, kan de søke å bli det mer fullkomment ved anvendelse av de passende midler. Det er ingen forskjell her mellom kaste eller tro, sekt eller trosretning, klesdrakt eller klima, alder eller kjønn, yrke eller stilling. For denne religionen er universell.

Hvis du hevdet at alle mennesker i verden burde aner-
kjenne Sri Krishna som deres Frelser, ville alle kristne og
muslimer godta det? Hvis du ba alle om å velge Jesus som
deres Herre, ville alle hinduer og muslimer gjøre det? Og
hvis du ba alle akseptere Muhammed som deres Profet, ville
kristne og hinduer være enige i det?

Men hvis du sier, "Mine kristne, muslimske og hindu-
istiske brødre, deres Herre, Gud, er Alltid-Lykksalig Bevisst
Eksistens (Væren)," vil de ikke da akseptere dette? Kan de
virkelig forkaste det? Vil de ikke kreve Ham som den Eneste
som kan få slutt på deres lidelser?

Vi kan heller ikke unngå denne konklusjonen ved å
hevde at kristne, hinduer og muslimer ikke betrakter hen-
holdsvis Jesus, Krishna og Muhammed som deres Herre,
Gud – at de er betraktet bare som fanebærere for Gud og
de menneskelige inkarnasjoner av guddommen. Hva om
vi tenker på denne måten? Det er ikke de fysiske legemer
til Jesus, Krishna og Muhammed som vi først og fremst
er interessert i, heller ikke er vi så opptatt av de historiske
stedene de tilhører.

Heller ikke er de kun uforglemmelig for oss på grunn av
deres unike og interessante måter de preker sannheten på.
Vi ærer dem fordi de kjente og følte Gud. Det er dette faktum
som interesserer oss ved deres historiske eksistens og deres
mangfoldige måter de utrykte sannheten på.

Erkjente ikke de alle Gud som Lykksalighet og demon-
strerte de ikke virkelig lykksalighet som ekte fromhet? Er
ikke det et tilstrekkelig enhetens bånd mellom dem, for ikke
å nevne andre aspekter ved Guddommen og sannheten de
måtte ha erkjent og uttrykt? Bør ikke kristne, hinduer og
muslimer interessere seg for hverandres profeter ettersom
de alle oppnådde Guds-bevissthet? Fordi Gud forener alle

religioner, er det erkjennelsen av Ham som Lykksalighet som forener bevisstheten til alle profeter av alle religioner. [1]

I Gud eller Lykksalighet finner våre åndelige aspirasjoner oppfyllelse

Vi skulle ikke ta for gitt at denne oppfatning av Gud er for abstrakt og ikke har noe å gjøre med våre åndelige håp og aspirasjoner, noe som normalt krever en oppfatning av Gud som et personlig vesen. Dette er ikke en forestilling om et upersonlig vesen, som det vanligvis blir forstått som, heller ikke av et personlig vesen, som man noe snevert forestiller seg det.

Gud er ikke en person som vi er i den snevre betydning. Vårt vesen, følelse og vilje er bare en skygge av likhet med Hans Vesen (Eksistens), Bevissthet og Lykksalighet. Han er en person i den transcendentale betydning. Vårt vesen, bevissthet og følelse er begrenset og empirisk, mens Hans Vesen er ubegrenset og transcendentalt. Han har et upersonlig og absolutt aspekt, men vi skulle ikke nære den tro at Han er utenfor rekkevidde for all erfaring – til og med vår indre erfaring.

Han kommer til oss alle gjennom vår rolige erfaring og det er gjennom Lykksalighet at vi erkjenner Ham. Det finnes ikke noe annet direkte bevis for Hans eksistens. Det er i Ham som Lykksalighet at våre åndelige håp og aspirasjoner

[1] Det er også lagt vekt på Lykksalighet i såkalte ateistiske religioner som Buddhismen. Det buddhistiske *Nirvana* er ikke en "slukking av lyset" og utslettelse av eksistensen som feilaktig er antatt av vestlige skribenter. Det er heller stadiet hvor snever individualitet er forlatt og transendental universell ro er oppnådd. Dette er nøyaktig hva som skjer i høyere Lykksalighet, selv om buddhistene ikke knytter begrepet Gud til det.

finner fullbyrdelse og hvor vår hengivenhet og kjærlighet finner et objekt.

En forestilling om et personlig vesen som ikke er noe annet enn en forstørrelse av oss selv, er ikke påkrevet. Gud kan være eller bli hva som helst – personlig, upersonlig, barmhjertig, allmektig og så videre. Men vi behøver ikke å bry oss om disse. Uansett hvilken oppfatning vi måtte ha, vil den helt og holdent passe våre formål, våre håp, våre aspirasjoner og vår fullkommengjøring.

Vi burde heller ikke tro at denne forestillingen om Gud vil gjøre oss til drømmende idealister som bryter vår forbindelse med oppgaver og ansvar, gleder og sorger, i den praktiske verden. Hvis Gud er Lykksalighet og hvis vi søker Lykksalighet for å lære Ham å kjenne, behøver vi ikke å forsømme oppgaver og ansvar i verden. Når vi utfører våre oppgaver, kan vi fortsatt føle Lykksalighet. Da Lykksaligheten ligger bakenfor oppgavene, vil den ikke påvirke dem. Vi overskrider verdens gleder og sorger gjennom Lykksalighet, men vi overskrider ikke nødvendigheten av å utføre rettmessige oppgaver i verden.

Mennesket med Selv-erkjennelse vet at Gud er den som handler. All kraft til å utføre handlinger strømmer inn i oss fra Ham. Den som er sentrert i sitt åndelige Selv, opplever seg selv som den objektive betrakter av alle handlinger, enten det er å se, høre, føle, lukte, smake eller å gjennomgå ulike andre jordiske erfaringer. Når de er fordypet i Lykksalighet, lever slike mennesker i overensstemmelse med Guds vilje.

Når ikke-tilknytning blir kultivert, forsvinner snever egoisme. Vi opplever at vi spiller våre oppnevnte roller på verdensscenen uten å bli innvendig påvirket av ve og vel, kjærlighet og hat, noe som det å spille rollen innebærer.

Livets store skuespill

Faktisk kan verden i alle henseender bli sammenlignet med en teaterscene. Regissøren velger folk til å hjelpe seg med oppføringen av et spesielt skuespill. Særskilte roller blir tildelt særskilte personer hvor alle arbeider etter regissørens anvisninger. Én får rolle som konge, en annen blir prest, én blir tjener og en annen blir helten og så videre. Én person må spille en sorgfull rolle mens en annen får en rolle full av glede.

Hvis hvert menneske spiller sin rolle i overensstemmelse med regissørens anvisninger, vil stykket, med mangfoldet av komiske, alvorlige og sorgtunge roller, bli en suksess. Selv de ubetydeligste roller har deres uunnværlige plasser i stykket.

Stykkets suksess ligger i det perfekte skuespill i hver rolle. Hver skuespiller spiller rollen av sorg og glede realistisk, som rent ytre sett synes å være påvirket av den. Innvendig forblir imidlertid skuespilleren upåvirket av rollen med de lidenskaper den fremstiller – kjærlighet, hat, begjær, ondskap, stolthet, og ydmykhet.

Men hvis en skuespiller mister sin individualitet gjennom å spille en rolle og identifiserer seg med en viss situasjon eller med en viss følelse som uttrykkes i skuespillet, ville det bli betraktet som mildt sagt dumt. En historie vil tydelig illustrere dette siste punktet.

En gang ble skuespillet om *Ramayana*[2] satt opp hjemme hos en rik mann. I løpet av skuespillet ble det kjent at mannen som skulle spille rollen til Hanuman (en ape), ledsagervennen til Rama[3], var savnet. I sin forlegenhet festet regissøren

---

[2] En dramatisering basert på det gamle Sanskrit-epos med samme navn (*Utgivers anm.*)

[3] Den sentrale hellige skikkelse i *Ramayana* (*Utgivers anm.*)

blikket på Nilkamal, en dumrian med stygt utseende, og prøvde å få han til å spille rollen som Hanuman.

Nilkamal nektet først, men ble tvunget til å vise seg på scenen. Hans stygge utseende frembrakte høy latter fra tilskuerne og de begynte å rope i munterhet: "Hanuman, Hanuman!"

Nilkamal kunne knapt utholde dette. Han glemte at det bare var et skuespill og skrek ut i raseri: "Hvorfor kaller dere meg Hanuman? Hvorfor ler dere? Jeg er ikke Hanuman. Regissøren fikk meg til å vise meg på denne måten."

I denne komplekse verden er våre liv ikke annet enn skuespill, men dessverre identifiserer vi oss med skuespillet og derfor føler vi avsky, sorg og glede. Vi glemmer anvisningene og befalingene fra den Store Regissøren. I skuespillet med å leve våre liv – å spille våre roller – føler vi all vår sorg og glede, kjærlighet og hat, som virkelig – med andre ord blir vi tilknyttet og påvirket.

Dette skuespill i verden er uten begynnelse og slutt. Alle skulle uforbeholdent spille sine roller som tildelt av den Store Regissør. Vi bør spille for skuespillets skyld, spille sorgfull når vi har sorgfulle roller, eller tilfreds når vi spiller behagelige roller, men bør aldri bli innvendig identifisert med skuespillet.

Heller ikke bør vi ønske en annens rolle. Hvis alle portretterte rollen som konge, ville skuespillet i seg selv miste interesse og mening.

Den som har oppnådd Lykksalighet, vil *føle* verden som en scene og vil spille sin rolle etter beste evne ved å huske på den Store Regissør, Gud, og kjenner og føler Hans plan og anvisning.

DEL 4

FIRE GRUNNLEGGENDE RELIGIØSE METODER

Behovet for religiøse metoder

Vi har sett i Del 1, 2 og 3 at identifiseringen av det åndelige Selv med legemet og sinnet, er hovedårsaken til vår smerte, lidelse og begrensninger. På grunn av denne identifisering, lar vi oss bli påvirket av smerte og behag og blir derfor blind overfor tilstanden av Lykksalighet eller Gudsbevissthet. Vi så også at religion i alt vesentlig består i å unngå slik smerte for alltid og i stedet oppnå ren Lykksalighet, eller Gud.

Akkurat som solens sanne bilde ikke kan sees på overflaten av urolig vann, slik kan det åndelige Selvets sanne lykksalige natur – refleksjonen av Den Universelle Ånd – ikke bli forstått, noe som skyldes bølgene av uro som dannes av selvets identifisering med legemets og sinnets skiftende tilstander. På samme måte som det urolige vannet forvrenger solens sanne bilde, vil sinnets urolige tilstand, gjennom identifisering, forvrenge det indre Selvets sanne, alltid-lykksalige natur.

Formålet med dette kapittel er å drøfte de letteste, mest rasjonelle og mest grunnleggende metoder, anvendelig av alle, som vil fri det alltid-lykksalige åndelige Selv fra dets skjebnesvangre forbindelse og identifisering med det flyktige legeme og sinn. Selvet vil da for alltid unngå smerte og oppnå Lykksalighet, som utgjør det vi forstår med religion.

Derfor er de grunnleggende metodene som vi skal gjen-nomgå religiøse og involverer religiøse handlinger. Bare ved hjelp av disse metodene kan det åndelige Selv bli frigjort fra identifisering med legeme og sinn og følgelig fra smerte, og til sist oppnå varig Lykksalighet, eller Gud.

"Guds Sønn" og "Menneskesønnen"

Da Kristus kalte seg selv "Guds Sønn," mente han Den Universelle Ånd som hadde bolig i ham. I Johannes 10:36 sier Jesus: "Av ham som Faderen har helliget og sendt til verden...sier jeg: Jeg er Guds Sønn."

Men andre ganger når Kristus brukte et annet uttrykk – "Menneskesønnen" – mente han det fysiske legemet, men-neskets avkom, kjødet som er født av et annet menneske. I Matteus 20:18-19, for eksempel, sier Jesus til disiplene: "Se, vi går opp til Jerusalem, og Menneskesønnen skal overgis til ypperesteprestene...og de skal...overgi han til hedningene... for å korsfeste ham."

I Johannes 3:5-6 sier Kristus: "Uten at noen blir født av vann (den oseaniske vibrasjon fra *Aum* eller *Amen,* den Hellige Ånd, Den Usynlige Kraft som opprettholder all ska-pelse – Gud i Sitt immanente aspekt som Skaper) og av Ånd, kan han ikke komme inn i Guds rike. Det som er født av kjødet, er kjød, og det som er født av Ånden er Ånd." Disse ordene betyr at med mindre vi kan *transcendere* legemet og erkjenne oss selv som Ånd, kan vi ikke komme inn i den Universelle Ånds rike eller tilstand.

Denne tanken er gjenspeilet i et Sanskrit versepar fra Hindu-skriftene: "Hvis du kan transcendere legemet og oppfatte deg selv som Ånd, skal du bli evig lykksalig, fri fra all smerte."

Det er altså *fire* grunnleggende, universelle religiøse metoder som, hvis de blir fulgt i det daglige liv, med tiden vil frigjøre det åndelige Selv fra legemets og sinnets hindringer. Under disse fire kategorier av religiøse metoder, inkluderer jeg alle tenkelige religiøse handlinger som er anbefalt av enhver Guds helgen, vismann eller profet.

Sekterismens opprinnelse

Religiøse handlinger blir innprentet av profeter i form av læresetninger. Mennesker med begrenset intellekt, som mislykkes i å tolke den sanne betydning av disse læresetningene, slutter seg til deres eksoteriske eller ytre betydning og henfaller gradvis til former, konvensjoner og rigide skikker. Dette er sekterismens opprinnelse.

Hvile fra arbeid på Sabbaten ble feilaktig tolket som hvile fra alt arbeid – til og med religiøst arbeid. Dette kan forvirre mennesker med begrenset forståelse. Vi må huske at vi er ikke skapt for Sabbaten, men at Sabbaten er skapt for oss. Vi er ikke skapt for regler, reglene er skapt for oss – de forandrer seg med vår forandring. Vi bør følge essensen av en regel, ikke dogmatisk følge dens form.

En endring av former og skikker betyr for mange et skifte fra én religion til en annen.

Likevel er den dypeste mening av de forskjellige profeters læresetninger den samme. De fleste mennesker forstår ikke dette.

Det er en tilsvarende fare hos de intellektuelt betydningsfulle personer. De prøver å forstå Den Høyeste Sannhet med intellektet alene, men Den Høyeste Sannhet kan bare bli forstått gjennom erkjennelse. Erkjennelse er noe helt annet enn kun forståelse. Det har ikke vært mulig for oss å forstå sukkerets søthet intellektuelt hvis vi ikke har smakt det. På lignende måte er religiøs kunnskap hentet fra den dypeste erkjennelse av vår egen sjel. Vi glemmer dette ofte når vi søker lærdom om Gud, religiøse dogmer og moralitet. Vi søker sjelden kunnskap om disse gjennom indre religiøs erkjennelse.

Det er synd at mennesker med store intellektuelle evner, som nyter suksess i bruken av fornuften for å oppdage de dype sannheter innen naturvitenskap og andre kunnskapsområder, tror at de også er i stand til å forstå de høyeste religiøse og moralske sannheter rent intellektuelt. Det er også synd at intellektet og fornuften hos disse menneskene, i stedet for å være til hjelp, ofte viser seg å være en hindring i deres forståelse av Den Høyeste Sannhet, som oppnås ene og alene ved å erfare og leve den.

La oss vurdere de fire metodene som karakteriserer religiøs utvikling.

FIRE GRUNNLEGGENDE RELIGIØSE METODER

1. Den intellektuelle metode

Den intellektuelle metode er den naturlige metoden som vanligvis blir tatt i bruk, men ikke særlig effektiv når det gjelder å erkjenne målet.

Intellektuell utvikling og fremskritt har vært naturlig og derfor vanlig for alle rasjonelle skapninger. Det er vår selv-bevisste forståelse som skiller oss fra lavere dyr, som er bevisste, men ikke selv-bevisste.

I utviklingsprosessenes stadier oppdager vi at denne bevissthet gradvis blir selv-bevisst – fra dyrebevissthet oppstår selv-bevissthet. Bevisstheten prøver gradvis å befri seg selv for å erkjenne seg selv gjennom seg selv. Slik forandres den til selv-bevissthet. Denne forandring skyldes en evolusjonær nødvendighet, og den universelle trang til intellektuelle aktiviteter skyldes denne evolusjonære tendensen. Det åndelige Selv som er identifisert med ulike grader og typer av legemlige og mentale tilstander, prøver gradvis og naturlig å vende tilbake til seg selv gjennom seg selv.

Utviklingen av den bevisste tankeprosess er én av metodene som det åndelige Selv tar i bruk for å heve seg over legemets og sinnets hindringer. Det åndelige Selvets forsøk på å vende tilbake til seg selv – dets tapte tilstand – gjennom utvikling av tankeprosessen, er naturlig. Dette er den kosmiske prosess.

Den Universelle Ånd uttrykker seg gjennom forskjellige utviklingsstadier, fra det laveste til det høyeste. I sten og jord er det ikke noe liv eller bevissthet slik vi oppfatter det. I trær finner vi vegetativ utvikling, en tilnærming til liv, likevel ikke et uhindret liv og heller ingen tankevirksomhet. I dyrene finner vi liv og også bevissthet om liv. I mennesket – kulminasjonen – finner vi liv, bevissthet om det og også bevissthet om Selvet (Selv-bevissthet).

Derfor er det naturlig for mennesket å utvikle seg gjennom tenkning og resonnering, gjennom dype studier av bøker, gjennom originalt forskerarbeid og gjennom møysommelige undersøkelser av årsaker og virkninger i naturen.

Jo dypere mennesket engasjerer seg i tankevirksomhet, desto mer kan det sies at det anvender "metoden" som har ført det frem til det som verdens evolusjonsprosess tilsier (det vil si metoden hvor bevissthet utvikler seg til Selv-bevissthet). Når mennesket, vitende eller uvitende, på denne måten nærmer seg Selvet, kan vi si at *i tanken hever vi oss over legemet.*

En veloverveid anvendelse av denne metoden gir sikre resultater. Å oppøve tanken ved studium for å oppnå kunnskap innen et spesialområde, vil til en viss grad utvikle Selv-bevissthet. Men dette er ikke så effektivt som en tankevirksomhet som er rettet ene og alene mot det å transcendere legemet og erfare sannheten.

I India er den intellektuelle metoden i sin høyeste form kalt *Jnana Yoga* – oppnåelse av sann visdom gjennom ettertanke og skjelneevne, som når man stadig minner seg selv om: "Jeg er ikke legemet. Skapelsens forbigående forestilling kan ikke påvirke mitt Selv. Jeg er Ånd."

En av manglene ved denne metoden er at den utgjør en meget *langsom* prosess før det åndelige Selv erkjenner seg selv. Den kan ta lang tid. Når det åndelige Selv begynner å erkjenne Selv-bevissthet gjennom denne metoden, er det fortsatt involvert i en rekke forbigående tanker som det ikke har noen relasjon til.

Åndens stillhet er noe som ligger bakenfor tankene og de legemlige sansninger, men straks den er oppnådd, flyter den over i dem.

2. Den hengivne metode

Denne består i forsøket på å feste oppmerksomheten på ett tankeobjekt i stedet for forskjellige tankerekker og ulike emneområder (som i den intellektuelle metode).

Innenfor den hengivne metode er det inkludert alle former for tilbedelse, som f.eks. bønn (hvor vi eliminerer alle tanker på verdslige ting). Det åndelige Selv fester sin oppmerksomhet dypt og ærbødig på det som det velger å konsentrere seg om – enten tanken på en personlig Gud eller et upersonlig Allestedsnærvær. Hovedpoenget er at tilbederen bør konsentrere seg om én hengiven tanke *med full målbevissthet.*

Gjennom denne metoden blir det åndelige Selv gradvis befridd fra de mange tankers forstyrrelser – den neste serie med forstyrrelser etter sanseinntrykkene – og får tid og mulighet til å tenke på seg selv i seg selv. Når vi ber målbevisst, glemmer vi alle legemlige sansninger og jager bort alle forstyrrende tanker som prøver å beskjeftige vår oppmerksomhet.

Jo dypere våre bønner er, desto mer intens er følelsen av tilfredshet, og dette blir da kriteriet for hvor langt vi har nærmet oss Lykksalighet, eller Gud. Når de legemlige sansninger er tilbakelagt og de omstreifende tanker er kontrollert, er det klart at denne metoden er overlegen den foregående.

Likevel byr denne metoden på visse mangler og vanskeligheter. På grunn av det åndelige Selvets langvarige tilknytning og slaveri til legemet – til denne inngrodde dårlige vanen – prøver det forgjeves å vende oppmerksomheten bort fra sfæren av legemlige og mentale sansninger.

Uansett hvor mye man helhjertet måtte ønske å be eller engasjere seg i en hvilken som helst form for tilbedelse, så vil ens oppmerksomhet nådeløst bli invadert av de plyndrende legemlige sansninger og flyktige tanker som hukommelsen bringer inn. Under bønn er vi ofte helt fokusert på at omstendighetene må være gunstige eller at vi er for ivrige etter å fjerne vårt forstyrrende legemlige ubehag.

Til tross for alle våre bevisste anstrengelser, styrer våre dårlige vaner, som er blitt en del av oss, disse anstrengelser og går i mot Selvets ønsker. Og til tross for våre ønsker blir sinnet rastløst. For å parafrasere: "Hvor ditt sinn er, vil også ditt hjerte være." Vi er blitt fortalt at vi skal be til Gud med hele vårt hjerte. I stedet ber vi som regel med distraherte sinn og hjerter som skyldes omflakkende tanker og sanse-inntrykk.

3. Den meditative metode

Denne og den neste metoden er utelukkende vitenska-pelige og innebærer et praktisk opplæringskurs. De er anbe-falt av store vismenn som personlig har erkjent sannheten i sine egne liv. Jeg har selv lært fra én av dem.

Det er ikke noe gåtefullt ved disse metodene og heller ikke noe å frykte for at de skal være skadelige. De er enkle når man er fortrolig med dem på den rette måten og de vil vise seg å være universelt sanne. Virkelig følt kunnskap er det beste bevis på deres gyldighet og pragmatiske verdi.

Ved regelmessig og vanemessig anvendelse av metodene i meditasjon, kan vi oppnå en tilstand av "bevisst søvn." Vanligvis erfarer vi denne rolige og behagelige tilstand i det øyeblikk vi faller i dyp søvn og nærmer oss ubevissthet, eller kommer ut av den og nærmer oss bevissthet.

I denne tilstand av bevisst søvn blir vi befridd fra alle tanker og ytre legemlige sansninger. Selvet blir gitt en sjanse til å tenke på seg selv. Av og til oppnår det den lykksalige til-stand, avhengig av dybden og hyppigheten av meditasjonen.

I denne tilstand glemmer vi midlertidig, og blir befridd fra, alle legemlige forstyrrelser som avleder Selvets opp-merksomhet. Gjennom denne meditasjonsmetoden blir de ytre sanseorganer kontrollert, da de viljestyrte nerver blir roet ned på samme måte som under søvn.

Denne meditasjonstilstanden er den første og ikke den endelige tilstand av virkelig meditasjon. I bevisst søvn lærer vi bare å kontrollere de ytre sanseorganer. Den eneste for-skjell er at under vanlig søvn blir sanseorganene automatisk kontrollert, mens under meditasjon blir sanseorganene kontrollert av viljen.

I dette tidlige stadium av meditasjon er likevel det åndelige Selv fremdeles utsatt for forstyrrelser fra de indre organer som ikke er underlagt viljen. Disse kan for eksempel være lunger, hjerte og andre deler av legemet som vi feilaktig antar er utenfor vår kontroll. [1]

Vi må derfor søke etter en bedre metode enn denne. Så lenge det åndelige Selv ikke kan stenge ute alle legemlige sansninger med viljen – til og med de indre sansninger som forårsaker tanker – og forblir utsatt for disse forstyrrelser, kan det ikke håpe på å kontrollere disse eller få anledning til å erkjenne seg selv.

4. Den vitenskapelige metode eller yoga

Paulus sa: "Jeg dør daglig." [2] Med dette mente han at han kjente metoden til å kontrollere de indre organer og frivillig befri sitt åndelige Selv fra legeme og sinn – en erfaring som vanlige, udisiplinerte mennesker kun har ved den endelige død, når det åndelige Selv er befridd fra det utslitte legemet.

Ved å gjennomgå et praktisk og regelmessig studium av denne vitenskapelige metoden [3], kan Selvet bli følt som atskilt fra legemet, *uten den endelige død*.

---

[1] Vi lærer sjelden, som store helgener og vismenn har lært, hvordan å gi hvile til disse indre organer. Fordi vi antar at de er utenfor vår kontroll, blir de overanstrengt og stanser plutselig. Denne stans kaller vi "død" eller "den store søvn."

[2] Apostelen Paulus' første brev til korinterne 15:31

[3] Den vitenskapelige metode som her og gjennom resten av boken er referert til, er *Kriya Yoga*, en eldgammel åndelig vitenskap som inkluderer bestemte yogateknikker i meditasjon og som Paramahansa Yogananda underviste i gjennom *Self-Realization Fellowship Leksjoner. (Utgivers anm.)*

Her vil jeg bare drøfte metodens generelle idé og den sanne vitenskapelige teori som den baserer seg på. Jeg bygger på mine egne erfaringer og vil hevde at den er universelt sann. Og jeg vil også trygt si at Lykksalighet, som jeg tidligere påpekte er vårt endelige mål, blir følt i sterk grad ved å praktisere denne metoden. Å praktisere den er i seg selv en dyp og lykksalig erkjennelse. Jeg våger å påstå at det er en langt renere lykksalig erkjennelse enn de største gleder som noen av våre fem sanser eller sinnet noensinne kan gi oss.

Jeg ønsker ikke å bringe noe annet bevis om metodens sannhet enn det som fremkommer i vår egen erfaring. Jo mer en praktiserer den med tålmodighet og regelmessighet, desto mer føler man seg dypt og varig befestet i Lykksalighet.

På grunn av dårlige vaners standhaftighet vil bevisstheten om legemlig eksistens, med alle dens erindringer, sporadisk våkne til liv og kjempe mot vår indre ro. Men hvis vi praktiserer regelmessig over et lengere tidsrom, er det garantert at vi med tiden vil oppnå en høyere mental tilstand av Lykksalighet.

Imidlertid burde vi ikke på forhånd forsøke å forestille oss de mulige resultater som denne metoden kan føre til, for deretter å avslutte praktiseringen etter en kort prøvetid. For å gjøre virkelig fremgang er det følgende nødvendig: For det første, hengiven oppmerksomhet på emnet som studeres; for det andre, et sterkt ønske om å lære med virkelig forskertrang; og til sist, regelmessig praktisering inntil det ønskede mål er nådd.

Hvis vi etter en kort periode av praktisering stopper på halvveien, vil ikke det ønskede resultat komme. En nybegynner i åndelig praksis som prøver å beskrive på forhånd ekspertenes erfaringer (mestre og profeter til alle tider), er som et barn som forsøker å forestille seg hva høyere akademiske studier innebærer.

Det er synd at folk tilbringer mesteparten av sin tid og anstrengelser for å skaffe det som trengs til en verdslig tilværelse eller engasjerer seg i intellektuelle kontroverser over teorier, men sjelden synes det er umaken verdt å erkjenne og tålmodig erfare de sannheter som ikke bare styrker, men også gir mening til deres liv. Feilaktige anstrengelser synes oftere å påkalle deres oppmerksomhet over lengere tid, enn velfunderte anstrengelser.

Jeg har praktisert nevnte metode over mange år. Jo mer jeg gjør det, desto mer føler jeg gleden ved en tilstand av varig og urokkelig Lykksalighet.

Vi bør huske på at det åndelige Selv har vært slave av legemet i utallige tidsaldre. Det vil nok ikke bli befridd på én dag, heller ikke vil kortvarig og tilfeldig praktisering av metoden føre til den høyeste tilstand av Lykksalighet eller gi kontroll over de indre organer. Det vil nok kreve tålmodig praktisering over en lang, lang tid.

Imidlertid kan det garanteres at anvendelsen av denne metoden vil gi oss den store glede av ren Lykksalighet. Jo mer vi praktiserer den, desto hurtigere oppnår vi Lykksalighet. Mitt ønske er, som de søkere av Lykksalighet vi alle er, at du vil forsøke å erfare i deg selv denne universelle sannhet som er i alle og kan bli følt av alle. Denne tilstand er ingens oppfinnelse. Den er allerede der og vi trenger bare å oppdage den.

Med mindre du har testet denne sannhet, bør du ikke betrakte det jeg skriver med likegyldighet. Kanskje du er lei av å høre om forskjellige teorier, hvor hittil ingen har hatt noen direkte betydning for ditt liv. Dette er ingen teori, men erkjent sannhet. Det jeg forsøker er å gi deg en idé om hva som virkelig kan bli opplevd.

Jeg var heldig som fikk lære denne hellige, vitenskapelige

sannhet fra en stor indisk helgen[4] for mange år siden. Du kan kanskje spørre hvorfor jeg både anbefaler deg og gjør deg oppmerksom på disse sannheter. Har jeg en selvisk interesse? Til dette vil jeg svare bekreftende. Jeg ønsker å gi deg denne sannhet i håp om å motta den rene gleden ved å ha hjulpet deg å finne din egen glede gjennom praktisering og erkjennelse av denne sannhet.

Fysiologisk forklaring av den vitenskapelige metode

Jeg vil nå gå inn på litt fysiologi, noe som vil gjøre oss i stand til å forstå metoden, i det minste på en generell måte. Jeg vil henlede oppmerksomheten på hovedsentrenes funksjon og på den elektrisitet som beveger seg til de ytre (sansende) og indre organer fra hjernen gjennom disse sentrene, noe som medfører at de vibrerer med liv.

Det er seks hovedsentre som den praniske strøm (vital strøm eller livs-elektrisitet)[5] beveger seg gjennom, fra hjernen til nervesystemet. Disse er:

1. Medulla (den forlengede marg) senter
2. Cervical (hals) senter
3. Dorsal (hjerte/rygg) senter
4. Lumbar (lende) senter
5. Sacral (korsben) senter
6. Coccygeal (haleben) senter

Hjernen er den største elektriske kraftleverandør (det høyeste senter). Alle sentre er forbundet med hverandre og

---

[4] Swami Sri Yukteswar, Paramahansa Yoganandas guru. *(Utgivers anm.)*

[5] Den intelligente, finere-enn-atomare energi (*prana* eller livskraft) som aktiverer og opprettholder livet i legemet. *(Utgivers anm.)*

Paramahansa Yogananda i New York, 1926

En av de første sammenkomster ledet av Paramahansa Yogananda
ved SRF International Headquarters i Los Angeles, 1925

Self-Realization Fellowship International Headquarters, 1982

fungerer under påvirkning av det største senter (hjernecellene). Hjernecellene sender en livsstrøm, eller elektrisitet, gjennom disse sentre, som i sin tur sender elektrisitet til de forskjellige utadførende og tilførende nerver og som henholdsvis sender motoriske impulser og sansninger av berøring, syn og så videre.

Denne elektrisitet fra hjernen er organismens liv (med dens indre og ytre organer). Det er dette elektriske medium som gjør det mulig at alle våre sanseinntrykk når hjernen og forårsaker tankereaksjoner.

Hvis Selvet vil effektivt stenge ute de forstyrrende inntrykk fra legemlige sansninger (som også er grunnen til at tankerekker oppstår), må det kontrollere og konsentrere elektrisiteten og trekke den tilbake fra hele nervesystemet til de syv hovedsentre (som inkluderer hjernen). Gjennom denne metoden er det mulig å gi de indre og ytre organer fullkommen hvile.

Under søvn er den elektriske ledeevnen mellom hjernen og sanseorganene delvis blokkert slik at ordinære sansninger som lyd, berøring, og så videre, ikke når hjernen. Fordi denne blokkering er bare delvis, vil en tilstrekkelig sterk stimulans utenfra gjenopprette denne elektriske ledeevne, som da registreres i hjernen og vekker personen. Under søvn er det likevel alltid en jevn strøm av elektrisitet inn til de indre organer slik at de alltid pulserer og arbeider.

Praktisering av den vitenskapelige metode resulterer i frihet fra legemlige og mentale forstyrrelser

Da kontroll over livs-elektrisiteten under søvn ikke er fullkommen, vil legemlige sansninger som ubehag, sykdom, eller sterke ytre stimuli forstyrre den. Gjennom en vitenskapelig metode, som ikke vil bli beskrevet i detalj her, kan vi samtidig kontrollere fullkomment både de ytre og indre organer i vårt legeme. Dette er det endelige resultat av denne praksis og det kan ta mange år å oppnå denne fullkomne kontroll.

Etter søvn (som er hvile) blir de ytre organer styrket. Etter hvilen, som er et resultat av denne vitenskapelige metoden, vil de indre organer bli betydelig styrket. Dette øker deres yteevne og vil forlenge livet.

På samme måte som vi ikke frykter søvnen, når sanseorganene midlertidig er livløse, burde vi heller ikke frykte praktisering av bevisst død, som vil si å gi hvile til de indre organer. Vi vil da kontrollere døden, for når vi vurderer legemet som uegnet og ødelagt, vil vi bli i stand til å forlate det når vi selv ønsker det. "Den siste fiende som tilintetgjøres, er døden."[6]

Vi kan beskrive metoden slik: Hvis telefonsentralen i en by er forbundet permanent med ledninger til ulike områder av byen, kan folk som telefonerer fra disse områdene alltid sende beskjeder til sentralen. Dette kan de gjøre gjennom mediet av elektrisitet som strømmer gjennom de forbundne ledninger, selv uten samtykke av myndighetene i sentralen. Hvis telefonsentralen ønsker å stoppe kommunikasjon med de ulike områder, kan det slå av hovedbryteren og det vil da ikke bli noe elektrisitet som strømmer til de ulike områder av byen.

På samme måte lærer den vitenskapelige metode oss en prosess som gjør oss i stand til å trekke livsstrømmen, som er fordelt mellom organene og andre deler av vårt legeme, tilbake til vår *sentral* – ryggsøyle og hjerne. Prosessen består i å magnetisere ryggsøyle og hjerne, som rommer de syv hovedsentre, med det resultat at den fordelte livsstrømmen

---

[6] Apostelen Paulus' første brev til korinterne 15:26

blir trukket tilbake til de opprinnelige sentre, noe som oppleves som lys. I denne tilstand kan det åndelige Selv bevisst fri seg fra legemlige og mentale forstyrrelser.

Det åndelige Selv blir forstyrret, mot dets vilje, av telefonsignaler fra to klasser av mennesker – gentlemen (tanker) og mennesker fra en lavere klasse (legemlige sansninger). For å bryte forbindelsen med dem, behøver Selvet bare å trekke elektrisiteten, som strømmer gjennom telefonledningene, tilbake til sitt hjems hovedbatteri ved å skru av bryteren (praktisere den fjerde metoden). Det vil da bli befridd fra alle forstyrrelser.

Fokusering er den store leder og leverandør av energi. Den er den aktive årsak til fordeling av elektrisitet fra hjernen til de sensoriske og motoriske nerver. For eksempel jager vi unna en plagsom flue ved å sende, gjennom fokuseringens kraft, elektrisitet gjennom de motoriske nerver som da forårsaker den ønskede håndbevegelse. Jeg nevner dette for å gi en idé om den kraft hvorved legemets elektrisitet kan bli kontrollert og trukket tilbake til dets syv sentre.

Det er disse syv stjernelignende (astrale) sentre i ryggsøylen og deres mysterium som er nevnt i Johannes' åpenbaring i Bibelen. Johannes brøt forseglingene på de skjulte åpninger i de syv sentre og kom til sann forståelse av seg selv som Ånd. "Skriv da det du så…hemmeligheten med de syv stjerner." [7]

Vedvarende praktisering av den vitenskapelige metode fører til Lykksalighet, eller Gud

Til slutt vil jeg beskrive hvordan tilstandene oppleves når elektrisiteten er *fullstendig* under kontroll. I begynnelsen føles en ganske attraktiv sansning som stammer fra magnetisering

---

[7] Johannes' åpenbaring 1:19,20

av ryggsøylen, men vedvarende og lang praktisering vil føre til en tilstand av bevisst Lykksalighet som motvirker den urolige tilstand som legemsbevissthet gir.

Denne lykksalige tilstand har blitt beskrevet som vårt universelle mål og høyeste behov fordi vi i den er virkelig bevisst Gud, eller Lykksalighet, og vi vil føle en utvidelse av våre virkelige selv. Jo oftere dette oppleves, desto mer forsvinner vår begrensede individualitet. Tilstanden av universalitet oppnås tidligere og vår enhet med Gud er nærmere og mer direkte.

Religion er egentlig ikke noe annet enn å smelte sammen vår individualitet med universalitet. Derfor vil vi i bevisstheten om denne lykksalige tilstand bevege oss oppover religionens trinn. Vi legger bak oss sansenes skadelige atmosfære og omflakkende tanker og ankommer en region av himmelsk Lykksalighet. Ved denne metoden lærer vi det som er universelt sant: Når, gjennom vedvarende praktisering, bevisstheten om denne lykksalige tilstanden av det åndelige Selv blir virkelig, finner vi oss selv alltid i det hellige nærvær av den lykksalige Gud inne i oss. Vi utfører våre oppgaver bedre, da vi verdsetter selve oppgavene mer enn vår egoisme og bevissthet om behag og smerte som følger i kjølevannet. Da kan vi løse mysteriet om vår eksistens, som gir virkelig mening til livet.

I alle religioners lære, enten det er kristendom, islam eller hinduisme, legges det vekt på én sannhet: Inntil mennesket kjenner seg selv som Ånd – opprinnelsen til Lykksalighet – er det begrenset av forgjengelige forestillinger og underlagt naturens ubønnhørlige lover. Kunnskap om sitt sanne vesen skjenker det evig frihet.

Vi kan forstå Gud bare ved å forstå oss selv, da vår virkelige natur er lik Hans natur. Mennesket er skapt i Guds bilde. Hvis metodene som er foreslått her blir innlært og målbevisst praktisert, vil du oppleve deg selv som lykksalig ånd og vil erkjenne Gud.

Metodene som er beskrevet i denne boken omfatter alle tenkelige midler som er vesentlige for å erkjenne Gud. De tar ikke i betraktning de utallige konvensjonelle regler og underordnede skikker som er foreskrevet av såkalt forskjellige religioner. Det er fordi noen av disse relaterer til ulikheter i individers sinnsstemninger og derfor er mindre viktige, men ikke helt uten betydning. Fordi noen av disse oppstår i løpet av praktiseringen av disse metodene, trenger de ikke inngående behandling i bokens begrensede plass.

Den vitenskapelige metode arbeider direkte med livskraften

Overlegenheten av denne metoden over de andre ligger i det faktum at den arbeider direkte med det som binder oss til vår snevre individualitet – *livskraften.* I stedet for å vende tilbake og absorberes i Selvets ekspansive og selvbevisste kraft, strømmer livskraften som regel utover. Den holder alltid legeme og sinn i bevegelse og forårsaker forstyrrelser i det åndelige Selv i form av legemlige sansninger og forbigående tanker.

Fordi livskraften beveger seg utover, vil sansninger og tanker forstyrre og fordreie Selvets eller Sjelens rolige bilde. Denne metoden lærer oss å vende livskraften innover. Derfor er den *direkte* og *umiddelbar.* Den tar oss direkte til bevisstheten om Selvet – Lykksaligheten, eller Gud. Den trenger ingen hjelp fra noe mellomledd.

Denne metoden kontrollerer og dirigerer livskraftens bane gjennom kontroll og regulering av en kjent og direkte forbundet manifestasjon av selve livskraften. De andre metodene anvender hjelp fra intellektet, eller tankevirksomheten, til å kontrollere livskraften for å fremkalle bevissthet om Selvet i dets lykksalige og andre aspekter.

Det bør bemerkes at alle religiøse metoder i verden vil direkte eller indirekte, stilltiende eller uttrykkelig, foreskrive kontroll, regulering og reversering av livskraften for at vi skal kunne transcendere legeme og sinn og oppleve Selvet i dets naturlige tilstand. Den fjerde metoden kontrollerer livskraften direkte ved hjelp av livskraften, mens de andre metodene gjør det indirekte gjennom et eller annet mellomledd – tanke, bønn, gode gjerninger, gudstjeneste, eller "bevisst søvn."

Tilstedeværelsen av livskraft i mennesket er eksistens, fravær av den er død. Derfor må metoden som lærer om livskraftens evne til å kontrollere seg selv, være den beste.

Lærde fra ulike tidsaldre og himmelstrøk har foreslått metoder som ble tilpasset den mentale tilstand og levesett hos de mennesker de levde blant og preket for. Noen har lagt vekt på bønn, noen på følelse, noen på gode gjerninger, noen på kjærlighet og noen på meditasjon. Men deres motiver har vært de samme.

De mente alle at legemsbevissthet skulle transcenderes ved å vende livskraften innover og at Selvet skulle bli erkjent slik en gjenspeiling av solen viser seg i rolig, uforstyrret vann. Deres formål var å innprente nøyaktig det som den fjerde metoden lærer oss direkte, uten hjelp av noe mellomledd.

Samtidig bør det bemerkes at denne metoden ikke er til hinder for kultivering av intellektet, bygge opp fysikken, og aktiviteter innen et sosialt og nyttig liv – et liv med de beste følelser og motiver, med engasjement innen filantropisk arbeid. Egentlig burde en *mangesidig* trening bli foreskrevet alle. Den vil utvilsomt hjelpe fremfor å hemme praktisering

av metoden. Det eneste som er nødvendig er at dens mål-
setting blir husket. Da vil alle handlinger og alle aktiviteter
gi resultater til vår fordel.

Hovedpoenget i denne prosessen er å inngående forstå
livskraftens mysterium som opprettholder menneskets le-
gemlige organisme og får det til å vibrere med liv og energi.

DEL 5

KUNNSKAPENS INSTRUMENTER OG DEN TEORETISKE GYLDIGHET AV RELIGIØSE METODER

Universaliteten og nødvendigheten av det religiøse ideal (alltid-eksisterende, alltid-bevisst Lykksalighet-Gud) og de praktiske metoder for å nå det, er blitt diskutert i de foregående kapitler. Nå ønsker vi å diskutere gyldigheten av metodene.

Metodene er praktiske i sitt vesen og hvis de blir anvendt vil idealet nødvendigvis bli oppnådd, enten vi befatter oss med teoriene eller ikke. Deres gyldighet vil vise seg i selve de praktiske resultater som er håndgripelige og virkelige.

Det må forstås her at det strengt tatt ikke er nødvendig å påvise de teoretiske grunner for gyldigheten. Men for ganske enkelt å tilfredsstille andre, behandler vi *a priori* kunnskapens teorier som metodene er basert på, slik at deres gyldighet også kan bli påvist teoretisk.

Dette vil lede oss til det erkjennelsesteoretiske spørsmål: Hvordan og i hvor stor grad kan vi erkjenne idealet, sannheten? For å påvise hvordan vi erkjenner idealet må vi drøfte hvordan vi erkjenner den reelle verden. Vi må behandle selve prosessen om hvordan vi erkjenner verden. Da vil vi se hvorvidt prosessen med å erkjenne verden er den samme som prosessen med å erkjenne idealet og hvorvidt den reelle verden er atskilt fra idealet, eller hvorvidt sistnevnte gjennomtrenger den førstnevnte, men at kun prosessen med å erkjenne de to er forskjellig.

Før vi fortsetter, la oss diskutere kunnskapens "instrumenter" – måten kunnskap om verden er gjort mulig for oss. Det er tre instrumenter eller måter til å innhente kunnskap på: sansning, slutning og intuisjon.

KUNNSKAPENS TRE INSTRUMENTER

1. Sansning

Våre sanser er som vinduer hvor stimuli fra utsiden kommer inn og treffer sinnet som passivt mottar disse inntrykk. Med mindre sinnet fungerer, kan ikke noe inntrykk registreres fra stimuli som kommer utenfra gjennom sanse-vinduene.

Sinnet etablerer ikke bare forbindelsen til stimuli som det mottar gjennom de forskjellige sansene, men lagrer deres påvirkning i form av inntrykk. Disse inntrykk forblir imidlertid en forvirrende og usammenhengende masse inntil skjelneevnen (*buddhi*) innvirker på dem. En relevant forbindelse blir da etablert og den ytre verdens detaljer blir gjenkjent som sådanne. De blir så å si projisert og erkjent i tidens og rommets støpeformer, med tydelige assosiasjoner – kvantitet, kvalitet, mål og mening. Et hus blir da erkjent som et hus og ikke som en søyle. Dette er resultatet av påvirkningen fra intellektet (*buddhi*).

Når vi ser et objekt, la oss si et hus, føler det, og hører det når vi slår på det, mottar sinnet disse inntrykk og lagrer dem. *Buddhi* tolker dem og projiserer dem som konturen av et hus med forskjellige bestanddeler som størrelse, utforming, farge, form, stil og deres relasjon til andre i nåtid, fortid og framtid – i tid og rom. Dette er måten kunnskap om verden blir til på.

En sinnssyk person har sanseinntrykk lagret i sinnet, men de er i en kaotisk tilstand. Intellektet har ikke ordnet dem og formet dem til tydelige og velordnede grupper.

Så er spørsmålet: Kan Virkeligheten (idealet, alltid-bevisst, alltid-eksisterende Lykksalighet-Gud) bli erkjent med denne type sansning? Er måten å erkjenne denne verden på (ved sansning) gyldig i erkjennelsen av den høyeste sannhet?

Vi vet at intellektet bare kan arbeide med materiale som er skaffet til veie av sansene. Det er på det rene at sansene bare gir oss stimuli om egenskaper og mangfoldighet. Det er ikke bare sansene som gir oss mangfoldighet, men intellektet som sådan dreier seg om mangfoldighet og forblir i mangfoldighetens sfære. Selv om det kan tenke "enhet i mangfoldighet," kan det ikke bli ett med det. Dette er intellektets svakhet. Intellektuell sansning kan ikke egentlig formidle den ene Universelle Substans' sanne natur som ligger bak de skiftende manifestasjoner.

Her dømmer fornuften seg selv. Når *buddhi* vender seg mot seg selv for å bedømme hvor langt den er i stand til å erkjenne Virkeligheten gjennom å fortolke sanseinntrykk, finner den seg håpløst begrenset innenfor sanseverdenens område. Der er det ikke noe kikkhull hvor den kan se inn i den oversanselige verden.

Noen vil si at fordi vi presser en kile mellom de sanselige og de oversanselige verdener, så vil ikke fornuften tro at den kan få noen kunnskap om det oversanselige. De sier også at hvis vi tenker oss at det oversanselige manifesterer seg i og gjennom det sanselige, da vil vi ved å erkjenne det sanselige – med dets sammenhenger (teleologi, eller tilpasning) pluss alle detaljer og variasjoner innen intellektets prosesser – også erkjenne det oversanselige som "enhet i mangfoldighet."

Man kan likevel spørre seg hva denne "erkjennelsen" består av. Er det bare en idé i hjernen, eller betyr det å *se* sannheten (enhet i mangfoldighet) ansikt til ansikt, førstehånds og direkte? Bringer denne type erkjennelse den samme overbevisning som det å være ett med sannheten ville være? Sikkert ikke, da denne type erkjennelse bare er delvis og mangelfull. Den ser kun gjennom farget glass. Den oversanselige verden ligger bakenfor. Disse er de *a priori* argumenter mot sansning som et instrument for å erkjenne Virkeligheten, Gud.

Også nøktern erfaring viser oss at vi ikke kan oppnå den lykksalige tilstand, som er Virkeligheten og selve idealet (som påvist i foregående kapitler), før vi hever oss i betydelig grad over den rastløse, sansende tilstand. Desto mer vi legger bak oss de forstyrrende sansninger og indre tanker, jo større er muligheten for at den oversanselige tilstand av Lykksalighet, eller Lykksalighet-Gud, vil komme for dagen.

Ordinære sansninger og Lykksalighet ser ut til å gjensidig utelukke hverandre i vår alminnelige erfaring. Imidlertid er ingen av våre metoder basert på ren sansning. Derfor er den sistnevntes ubrukelighet til å erkjenne Virkeligheten uvesentlig.

2. Slutning

Dette er en annen måte å innhente kunnskap om verden på. Men slutning som sådan baserer seg på opplevelse – på sansning – enten den er deduktiv eller induktiv. I vår erfaring finner vi ild hvor det forekommer røyk. Følgelig trekker vi alltid slutningen at det er ild når vi ser røyk i enhver situasjon. Dette er deduktiv slutning. Men den er mulig bare fordi vår tidligere erfaring (sansning) assosierer røyk med ild. Også i induktiv slutning finner vi samme avhengighet til sansning.

Vi observerer at en spesiell type bakterie forårsaker kolera. Vi finner den årsaksmessige forbindelse mellom denne typen bakterie og kolera og straks trekker vi den induktive slutning at overalt hvor vi finner denne bakterien, vil kolera foreligge. Selv om det her er et sprang mellom de kjente tilfeller av kolera og de ukjente tilfeller, vil vi likevel ikke gjennom slutning oppnå nye kjensgjerninger, selv om tilfellene av kolera er nye. Selve muligheten for å påvise en årsaksforbindelse mellom visse bakterier og kolera var avhengig av observasjon (sansning) av enkelte tilfeller.

Slutning avhenger altså i siste instans av sansning. I tilfeller hvor vi trekker en slutning, oppnår vi ingen ny sannhet – ikke noe virkelig nytt utover de observerte tilfeller. I de observerte tilfeller er bakterien etterfulgt av kolera. Også i de tilfeller hvor rene slutninger er trukket, at bakterier etterfølges av kolera, er ingen ny sannhet oppnådd, selv om tilfellene er nye og friske.

Uansett hvilke tankeformer, begrunnelser, slutninger eller innbilninger vi benytter oss av, så er vi fremdeles ikke ansikt til ansikt med Virkeligheten. Fornuften eller tanken kan godt arrangere og systematisere erfaringens kjensgjerninger, den kan bestrebe seg på å se tingene som et hele og den kan prøve å trenge inn i verdens mysterium. Men dens anstrengelser er hindret av materialet den arbeider med – erfaringens kjensgjerninger og sanseinntrykk. Disse er nakne og harde fakta, usammenhengende og begrenset av våre sansers evner. Materialet forstyrrer i stedet for å hjelpe tankeprosessen, som i seg selv er rastløs.

Den første religiøse metoden, som vi påpekte, er den intellektuelle metode som anvender tankevirksomheten for å erkjenne Virkeligheten – tilstanden av Lykksalighet og rolig innsikt. Men den kommer til kort da legemlige sansninger forstyrrer oss. Også tankevirksomheten hindrer oss i å forbli lenge i en konsentrert tilstand, da den arbeider med ulike rastløse sanseinntrykk. Vi mislykkes derfor i å oppnå bevissthet om enhet i mangfoldighet. Et fortrinn med den intellektuelle metode er at når vi er absorbert i tankeverdenen, vil vi til en viss grad overskride legemlige sansninger. Men dette er alltid bare midlertidig.

I de andre to metodene – den hengivne og den meditative – er det mindre tankevirksomhet, men likevel er den til stede. I den hengivne metode (det vil si ritualer, seremonier, bønn – i forsamling eller individuelt) er mye av tankevirksomheten opptatt med tilrettelegging av gunstige forhold. Likevel gjøres det forsøk på å konsentrere seg om et eller annet emne for tilbedelse eller bønn.

Når det gjelder mangfoldigheten i vår tankevirksomhet, lykkes den hengivne metode i å stanse eller hindre denne. Mangelen er denne: På grunn av dårlige vaner, styrket i tidens løp, er ikke vår konsentrasjon dyp, noe som gjør det mulig for tankevirksomheten å komme i gang ved den minste forstyrrelse.

I den meditative metode (hvor ytre formaliteter, konvensjoner og ritualer er fraværende og derfor hindrer tankevirksomheten å bli aktivert så lett som i den hengivne metode), er konsentrasjonen rettet mot ett tankeobjekt. Det utvikler seg da en gradvis tendens til å forlate tankens sfære og nærme seg sfæren av intuisjon, som vi skal drøfte i det følgende.

3. Intuisjon

Hittil har vi drøftet instrumentene og prosessene som gjelder kunnskap om sanseverdenen. Intuisjon, som vi nå skal behandle, er prosessen som gir oss kunnskap om den oversanselige verden – verdenen som er bakenfor sansene og tankene. Det er riktig at det oversanselige uttrykker seg i og gjennom sansene. Å fullkomment kjenne den sistnevnte betyr å kjenne den førstnevnte, men selve prosessen med å erkjenne de to er forskjellig.

Er vi i stand til å kjenne selv sanseverdenen bare med sansning og tanke? Sikkert ikke. Det finnes et uendelig antall fakta, ting, lover og forbindelser i naturen, og til og med i vår egen organisme som fremdeles er en lukket bok for menneskeheten. Hvor langt mindre vil vi ikke være i stand til å erkjenne det oversanselige rike gjennom sansning og tanke.

Intuisjon kommer innenfra; tanke, utenfra. Intuisjonen gir en ansikt til ansikt oppfatning av Virkeligheten; tanken gir en indirekte oppfatning av den. Intuisjon, gjennom en uforklarlig sympati, ser Virkeligheten i sin totalitet, mens tanken stykker den opp i deler.

Hvert menneske har intuisjonens evne slik det også har tankens evne. På samme vis som tanken kan utvikles, kan også intuisjonen utvikles. Gjennom intuisjon er vi i samklang med Virkeligheten – med Lykksalighetens verden, med "enhet i mangfoldighet," med de indre lovene som styrer den åndelige verden, med Gud.

Hvordan vet vi at vi eksisterer? Gjennom sansning? Er sansene først ute med å fortelle oss at vi eksisterer og hvor bevisstheten om eksistens kommer fra? Det kan ikke være slik, da bevisstheten om eksistens er en forutsetning for sansene i deres forsøk på å informere oss om vår eksistens. Sansning kan ikke bevisst bli oppmerksom på noe uten at vi først vet at vi eksisterer under selve sansningens handling.

Forteller slutningen, tankevirksomheten, at vi eksisterer? Sikkert ikke. For tankevirksomhetens materiale må være sanseinntrykk, som vi nettopp fant ut ikke kan fortelle oss om vår eksistens, da følelsen av eksistens er en forutsetning for disse. Heller ikke kan tankevirksomheten gi oss noen bevissthet om eksistens, for den sistnevnte er allerede innbefattet i førstnevnte. Når vi sammenligner oss med den ytre verden, tenker og konkluderer vi med at vi eksisterer i den. Bevisstheten om eksistens er allerede til stede i selve tenkningens og slutningens handling.

Hvis da sansning og tanke svikter oss, hvordan vet vi da at vi eksisterer? Det er bare gjennom intuisjon at vi kan vite dette. En slik erkjennelse er *én form* for intuisjon. Den er bakenfor sansning og tanke og disse er muliggjort av den.

Det er meget vanskelig å definere intuisjon da den er for nær oss alle. Hver og en av oss føler den. Vet vi ikke hva bevisstheten om eksistens er? Alle vet om den. Den er alt for familiær til å muliggjøre en definisjon. Spør en eller annen om hvordan han vet at han eksisterer. Han vil forbli taus. Han vet det, men kan ikke definere det. Han kan kanskje prøve seg på en forklaring, men forklaringen avslører ikke hva han føler inne i seg. Intuisjon i alle former har denne særegne karakter.

Den fjerde religiøse metode, som ble forklart i forrige kapittel, er basert på intuisjon. Jo mer målbevisst vi anvender den, desto videre og sikrere vil vår visjon av Virkeligheten eller Gud bli.

Det er gjennom intuisjon at menneskeheten når Guddommeligheten, at sansningen er brakt i forbindelse med det oversanselige og at det oversanselige blir *følt* som om det uttrykker seg i og gjennom sansene. Sansningens innflytelse forsvinner, forstyrrende tanker blir borte. Lykksalighet-Gud blir erkjent og bevisstheten om "alt i Én og Én i alt" demrer for oss. Denne form for intuisjon er hva verdens store lærde og profeter eide.

Den tredje, eller meditative metode, slik den er forklart i Del 4, bringer oss også inn i intuisjonens rike når den er målbevisst praktisert. Men den er på en måte en omvei og vanligvis tar det lenger tid å frembringe i oss de suksessive tilstander innen intuisjons- eller erkjennelsesprosessen.

Gjennom intuisjon kan Gud bli erkjent i alle Hans aspekter

Derfor er det gjennom intuisjon at Gud kan bli erkjent i alle Hans aspekter. Vi har ingen sans som kan åpenbare kunnskap om Ham. Sansene gir bare kunnskap om Hans manifestasjoner. Ingen tanke eller slutning kan gjøre oss i stand til å kjenne Ham som Han virkelig er. Tanken kan ikke nå utover sansenes data. Den kan bare arrangere og tolke sanseinntrykkene.

Når sansene er utilstrekkelige, så vil tanken (som er avhengig av dem) heller ikke være i stand til å bringe oss til Gud. Derfor må vi vende oss til intuisjonen for å få kunnskap om Gud i hans Lykksalige aspekt og andre aspekter.

Det er imidlertid mange hindringer på den intuitive vei i erkjennelsen av sannheten. Her er noen av dem: Sykdom, mental inhabilitet, tvil, latskap, verdslighet, falske ideer og ustabilitet.

Disse er enten medfødt eller fremkalt og forverret i samvær med andre. Våre medfødte tendenser (*samskaras*) til visse feil kan bli overvunnet gjennom besluttsomme anstrengelser (*purushakara*). Ved å øve opp viljestyrken kan vi fjerne alle våre svakheter. Det er gjennom den rette anstrengelse og samvær med gode mennesker, Gud-søkere, at vi kan fjerne dårlige vaner og skape gode. Inntil vi omgås de som har sett, følt og erkjent sann religion i deres liv, vil vi kanskje ikke fullt ut forstå hva den er og hvor dens universalitet og nødvendighet ligger.

Forskertrangen er i oss alle og alle i verden er

sannhetssøkere. Det er menneskets udødelige arv, og det søker den, tankeløst eller klokt, inntil det har gjenvunnet den. Det er aldri for sent å forbedre seg. "Let, så skal I finne; bank på, så skal det lukkes opp for eder." [1]

---

[1] Matteus 7:7

Om forfatteren

"Idealet om å elske Gud og tjene menneskeheten, fant sitt fulle uttrykk i Paramahansa Yoganandas liv....Selv om størsteparten av hans liv ble tilbrakt utenfor India, rangerer han likevel blant våre store helgener. Hans arbeid fortsetter å vokse og skinner stadig mer klart, hvor folk fra alle kanter blir trukket mot den åndelige pilgrimsferds vei."

– fra en hyllest av Indias regjering i forbindelse med utgivelsen av et minnefrimerke til Paramahansa Yoganandas ære ved tjuefemårs-minnedagen for hans bortgang.

Paramahansa Yogananda ble født Mukunda Lal Gosh 5. januar 1893 i den nordindiske byen Gorakhpur ved foten av Himalaya-fjellene. Allerede i sine tidligste år ble det klart at hans liv viste tegn til en guddommelig målsetting. I følge de som sto han nærmest, var dybden av hans forståelse og opplevelse av det åndelige, allerede som barn, langt utenom det vanlige. I ungdomstiden oppsøkte han mange av Indias vismenn og helgener, hvor han håpet å finne en opplyst lærer som kunne lede ham i sin sjelesøken.

Det var i 1910, i en alder av sytten år, at han møtte og ble disippel av den ærede Swami Sri Yukteswar. I eremitasjen til denne store Yoga-mester, tilbrakte han mesteparten av de neste ti år hvor han mottok Sri Yukteswars strenge, men kjærlige disiplin. Etter å ha avlagt avsluttende eksamen ved Universitetet i Calcutta, avla han munkeløftet i Indias ærverdige monastiske Swami-orden hvor han mottok navnet Yogananda (som betyr lykksalighet, *ananda*, gjennom guddommelig forening, *yoga*).

I 1917 startet Sri Yogananda sitt livsverk med grunnleggelsen av en "hvordan-å-leve"-skole for gutter, hvor moderne metoder innen utdanning ble kombinert med yoga-trening og instruksjoner i åndelige idealer. Tre år senere ble han invitert til å opptre som Indias representant ved en Internasjonal Kongress av Religiøse Liberale som kom sammen i Boston. Hans foredrag ved denne Kongressen, om "Religionens Vitenskap," ble entusiastisk mottatt.

I de neste årene holdt han foredrag og underviste på Østkysten og i 1924 hold han taler over hele det amerikanske fastland. I Los Angeles startet han en to-måneders foredrags - og klasseserie i januar 1925. Som alltid ble hans taler hilst med interesse og bifall. *Los Angeles Times* rapporterte: "Det Filharmoniske Auditorium fremviser et usedvanlig opptog av tusener...som blir nektet adgang en time før den kunngjorte åpning av et foredrag, hvor hallen med 3000 sitteplasser er fylt til siste sete."

Senere samme år etablerte Sri Yogananda det internasjonale hovedkvarter i Los Angeles, Self-Realization Fellowship, samfunnet han grunnla i 1920, for å utbre sin lære om den gamle vitenskap og filosofi om Yoga og dens ærverdige metoder innen meditasjon.[1] I løpet av det neste tiår reiste han vidt omkring hvor han talte i store byer over hele landet. Blant de som ble hans studenter, var mange fremstående personer innen vitenskap, forretning og kunst, inkludert hortikulturisten Luther Burbank; Metropolitan operasangerinne Amelita Galli-Curci; Margaret Wilson, datter av President Woodrow Wilson; dikteren Edwin Markham; og orkesterdirigenten Leopold Stokowski.

Etter en atten måneders tur i Europa og India i 1935–36, begynte han å trekke seg noe tilbake fra sine landsomfattende offentlige foredrag for å vie seg til bygging av et varig grunnlag for sitt verdensomspennende arbeid og til sitt forfatterskap som skulle bringe hans budskap til fremtidige generasjoner. Hans

---

[1] Den spesifikke vei innen meditasjon og Guds-forening som Paramahansa Yogananda lærte, er kjent som *Kriya Yoga*, en hellig åndelig vitenskap som oppsto i India for mange tusen år siden. Sri Yoganandas *En Yogis Selvbiografi* gir en generell innføring i *Kriya Yogaens* filosofi og metoder. Detaljert instruksjon i teknikkene er tilgjengelig for kvalifiserte studenter av hans *Self-Realization Fellowship Leksjoner.*

livshistorie, *En Yogis Selvbiografi*, ble utgitt i 1946. Siden da har påfølgende utgaver blitt oversatt til mange språk og har blitt ansett som en åndelig klassiker.

I dag blir det åndelige og humanitære arbeid, som ble startet av Paramahansa Yogananda, videreført under lederskapet til Sri Mrinalini Mata, en av hans nærmeste disipler og nåværende president for Self-Realization Fellowship/Yogoda Satsanga Society of India. [2] I tillegg til å utgi Paramahansa Yoganandas bøker, foredrag, skrifter og uformelle taler – inkludert en omfattende serie med *Self-Realization Fellowship Leksjoner* for private studier, veileder dette samfunn sine Self-Realization medlemmer i praktiseringen av Sri Yoganandas lære. Det fører tilsyn med templer, retreats og meditasjons-sentre rundt om i verden, men også det monastiske samfunn av Self-Realization Fellowship Order. Det koordinerer den Verdensomspennende Bønnesirkel, som tjener som et instrument til å bringe helbredelse til mennesker med fysiske, mentale, eller åndelige lidelser og til å bringe større harmoni blant nasjonene.

Siden hans bortgang i 1952, har Paramahansa Yogananda blitt betraktet som en av de virkelig store åndelige skikkelser i vår tid. Gjennom sin universelle lære og sitt eksemplariske liv, har han hjulpet mennesker av alle raser, kulturer og trosretninger til å erkjenne og uttrykke mer fullkomment, i deres egne liv, skjønnheten og finheten av den menneskelige ånd. I en artikkel om Sri Yoganandas liv og arbeid, skrev Dr. Quincy Howe Jr., tidligere professor i Sammenlignende Religion ved Scripps College: " Paramahansa Yogananda brakte ikke bare Indias evige løfte om Guds-erkjennelse til Vesten, men også en praktisk metode hvor åndelige aspiranter fra alle samfunnslag kan utvikle seg raskt mot dette mål. Da den åndelige arven fra India opprinnelig ble verdsatt i Vesten kun på de mest høyttravende og abstrakte

---

[2] I India er Paramahansa Yoganandas arbeid kjent som Yogoda Satsanga Society.

nivåer, er den nå tilgjengelig som praksis og erfaring for alle som lengter etter å kjenne Gud, ikke i det hinsidige, men her og nå.... Yogananda har gjort de mest opphøyde metoder i kontemplasjon tilgjengelig for alle."

PARAMAHANSA YOGANANDA:
En yogi i liv og død

Paramahansa Yogananda gikk inn i *mahasamadhi* (en yogis endelige, bevisste utgang fra legemet) i Los Angeles, California, den 7. mars 1952, etter å ha avsluttet sin tale ved en bankett til ære for den indiske ambassadøren, H. E. Binay R. Sen.

Den store verdenslæreren demonstrerte verdien av yoga (vitenskapelig teknikk for å erkjenne Gud) ikke bare i livet, men også i døden. I uker etter hans bortgang skinte ansiktet uforandret med en guddommelig glans av uforgjengelighet.

Harry T. Rowe, direktør for Forest Lawn minnegravsted i Los Angeles (der legemet til den store mesteren er midlertidig plassert), sendte Self-Realization Fellowship et brev, bekreftet av notarius publicus, som de følgende utdragene er hentet fra:

"Fraværet av ethvert synlig tegn på forfall i det døde legemet til Paramahansa Yogananda er det mest usedvanlige tilfellet i vår erfaring....Ingen fysisk nedbrytning var synlig på legemet hans, selv 20 dager etter døden....Ingen indikasjon på mugg var synlig på huden og ingen synlig uttørring fant sted i de legemlige vevene. Denne tilstanden at et legeme er fullstendig bevart, er uten sidestykke, så langt som vi kjenner til det fra begravelsesregistre.... Etter å ha mottatt legemet til Yogananda, ventet begravelsespersonalet å se de vanlige tegnene på gradvis forfall av legemet gjennom glasslokket på kisten. Vår forbauselse økte fra dag til dag uten at det skjedde noen synlig forandring på legemet, som var under observasjon. Yoganandas legeme var tilsynelatende i en enestående, uforanderlig tilstand. ...

Ingen lukt av forfall kom fra legemet på noe tidspunkt. ... Det fysiske utseendet til Yogananda den 27. mars, like før bronselokket på kisten ble satt på plass, var det samme som det hadde vært den 7. mars. Den 27. mars så han like frisk og upåvirket av forfall som han hadde sett ut den kvelden han døde. Den 27. mars var det ingen grunn til å si at legemet hadde gjennomgått noen synlig, fysisk nedbrytning i det hele tatt. Av disse grunner stadfester vi igjen at Paramahansa Yoganandas tilfelle er enestående i vår erfaring."

Ytterligere ressurser for å studere
Paramahansa Yoganandas lære om Kriya Yoga

Self-Realization Fellowship har viet seg til frivillig å assistere søkende mennesker over hele verden. For informasjon om våre årlige serier av offentlige foredrag og klasser, meditasjon og inspirerende taler i våre templer og sentre, planer over retreat og andre aktiviteter, inviterer vi dere til å besøke vår hjemmeside eller vårt Internasjonale Hovedkvarter:

www.yogananda-srf.org

Self-Realization Fellowship
3880 San Rafael Avenue
Los Angeles, CA 90065
(323) 225-2471
U.S.A

MÅL OG IDEALER FOR
Self-Realization Fellowship

Fastsatt av Paramahansa Yogananda, grunnlegger
Sri Mrinalini Mata, President

Å utbre blant nasjonene kunnskap om vitenskapelige teknikker for å oppnå direkte og personlig erfaring av Gud.

Å lære at livets formål er utvikling, gjennom egne anstrengelser, av menneskets begrensede dødelige bevissthet mot Gudsbevissthet, og for dette formål å opprette Self-Realization Fellowship templer over hele verden for Gudskommunikasjon, videre å oppmuntre opprettelsen av individuelle templer i hjemmene og i menneskenes hjerter.

Å åpenbare den fullstendige harmoni og grunnleggende enhet som eksisterer mellom opprinnelig Kristendom lært av Jesus Kristus og opprinnelig Yoga lært av Bhagavan Krishna, og å vise at disse sanne prinsipper er det felles vitenskapelige grunnlag for alle sanne religioner.

Å påpeke den ene guddommelige hovedvei alle sanne religioner til slutt fører til: Hovedveien gjennom daglig, vitenskapelig og hengiven meditasjon på Gud.

Å frigjøre mennesket fra dets trefoldige lidelse: Fysisk sykdom, mental ubalanse og åndelig uvitenhet.

Å oppmuntre til «enkel livsstil og høy tenkning» og å spre en ånd av brorskap mellom alle folk ved å lære det evige grunnlag for deres enhet: Slektskapet med Gud.

Å demonstrere sinnets overlegenhet over kroppen, og sjelens over sinnet.

Å bekjempe ondt med godt, sorg med glede, grusomhet med vennlighet og uvitenhet med visdom.

Å forene vitenskap og religion gjennom å erkjenne enheten

av deres underliggende prinsipper.

Å fremme kulturell og åndelig forståelse mellom Øst og Vest, og å utveksle begges beste og fineste kvaliteter.

Å tjene menneskeheten som sitt høyere Selv.

En Yogis Selvbiografi

av Paramahansa Yogananda

Denne lovpriste selvbiografi gir et fascinerende portrett av én av de store åndelige personligheter i vår tid. Med engasjerende åpenhet, veltalenhet og vidd, forteller Paramahansa Yogananda den inspirerende historien om sitt liv – opplevelsene fra sin bemerkelsesverdige barndom, møtene med mange helgener og vismenn under sin ungdommelige søken gjennom India etter en opplyst lærer, ti års opplæring i eremitasjen til en æret yogamester og tretti år hvor han bodde og underviste i Amerika. Også skildret her er hans møter med Mahatma Gandhi, Rabindranath Tagore, Luther Burbank, den katolske stigmatiserte Therese Neumann og andre berømte åndelige personligheter i Østen og Vesten.

En Yogis Selvbiografi er på samme tid en vakkert skrevet beretning om et usedvanlig liv og en dyp innføring i den eldgamle yogavitenskap og dens ærverdige tradisjon innen meditasjon. Forfatteren forklarer tydelig de subtile, men eksakte lover bak vanlige hendelser i hverdagen og usedvanlige hendelser som til vanlig blir kalt mirakler. Hans fengslende beretning om sitt liv danner derfor en bakgrunn for et avslørende og uforglemmelig blikk på de største mysterier i menneskenes liv.

Da den er betraktet som en moderne åndelig klassiker, har boken blitt oversatt til mer enn tjue språk og er allment brukt som lærebok og referansebok på colleger og universiteter. Som vedvarende bestselger siden den først kom ut for over seksti år siden, har *En Yogis Selvbiografi* funnet veien inn i hjertene til millioner av lesere rundt om i verden.

"En enestående beretning."

— *The New York Times*

"Et fascinerende og klart underbygget studium."

— *Newsweek*

"Det har aldri før vært skrevet, på engelsk eller på noe annet europeisk språk, en liknende presentasjon av yoga."

— *Columbia University Press*

Bøker på Norsk
av Paramahansa Yogananda

Tilgjengelig hos Tanum Bokhandel:
www.tanum.no

En yogis selvbiografi

Den hellige vitenskap

Religionens vitenskap

Tilgjengelig fra bokhandlere eller fra Self-Realization Fellowship
www.yogananda-srf.org

En yogis selvbiografi

Loven om suksess

Metafysiske meditasjoner

Vitenskapelige helbredende bekreftelser

Bøker på Engelsk
av Paramahansa Yogananda

Tilgjengelig fra bokhandlere eller direkte fra utgiver:
Self-Realization Fellowship
3880 San Rafael Avenue • Los Angeles, California 90065-3219
Tel (323) 225-2471 • Fax (323) 225-5088
www.yogananda-srf.org

Autobiography of a Yogi

The Second Coming of Christ:
The Resurrection of the Christ Within You
En åpenbarende kommentar til Jesu opprinnelige lære.

God Talks with Arjuna; The Bhagavad Gita
En ny oversettelse med kommentarer.

Man's Eternal Quest
Volum I av Paramahansa Yoganandas forelesninger
og uformelle taler.

The Divine Romance
Volum II av Paramahansa Yoganandas forelesninger,
uformelle taler og essay.

Journey to Self-Realization
Volume III av Paramahansa Yoganandas forelesninger
og uformelle taler.

Wine of the Mystic:
The Rubaiyat of Omar Khayyam — A Spiritual Interpretation
Inspirerte kommentarer som kaster lys over den mystiske viten-
skapen om kommunikasjon med Gud, skjult bakenfor Rubaiyats
gåtefulle billedbruk.

Where There Is Light:
Insight and Inspiration for Meeting Life's Challenges

Whispers from Eternity
En samling av Paramahansa Yoganandas bønner og
guddommelige erfaringer i opphøyde meditative tilstander.

The Science of Religion

The Yoga of the Bhagavad Gita:
An Introduction to India's Universal Science of God-Realization

The Yoga of Jesus:
Understanding the Hidden Teachings of the Gospels

In the Sanctuary of the Soul:
A Guide to Effective Prayer

Inner Peace:
How to Be Calmly Active and Actively Calm

To Be Victorious in Life

Why God Permits Evil and How to Rise Above It

Living Fearlessly:
Bringing Out Your Inner Soul Strength

How You Can Talk With God

Metaphysical Meditations
Mere enn 300 åndelige oppløftende meditasjoner,
bønner og bekreftelser.

Scientific Healing Affirmations
Paramahansa Yogananda gir her en dypsindig forklaring
av vitenskapen om bekreftelser.

Sayings of Paramahansa Yogananda
En samling av utsagn og vise råd som formidler Paramahansa
Yoganandas åpenhjertige og kjærlige svar til de som kom til ham
for ledelse.

Songs of the Soul
Mystiske dikt av Paramahansa Yogananda.

The Law of Success
Forklarer dynamiske prinsipper for oppnåelse av livets mål.

Cosmic Chants
Tekster (engelske) og musikk til 60 sanger om hengivelse, med
en innføring i hvordan åndelig sang kan føre til kommunikasjon
med Gud.

Lydopptak av Paramahansa Yogananda

Beholding the One in All

The Great Light of God

Songs of My Heart

To Make Heaven on Earth

Removing All Sorrow and Suffering

Follow the Path of Christ, Krishna, and the Masters

Awake in the Cosmic Dream

Be a Smile Millionaire

One Life Versus Reincarnation

In the Glory of the Spirit

Self-Realization: The Inner and the Outer Path

Andre Utgivelser fra
Self-Realization Fellowship

En fullstendig katalog som beskriver alle Self-Realization Fellowships publikasjoner og audio/video opptak kan sendes på forespørsel.

The Holy Science
av Swami Sri Yukteswar

Only Love:
Living the Spiritual Life in a Changing World
av Sri Daya Mata

Finding the Joy Within You:
Personal Counsel for God-Centered Living
av Sri Daya Mata

God Alone:
The Life and Letters of a Saint
av Sri Gyanamata

"Mejda":
The Family and the Early Life of Paramahansa Yogananda
av Sananda Lal Ghosh

Self-Realization
(et kvartalsvis magasin opprettet av Paramahansa Yogananda i 1925)

Self-Realization Fellowship Leksjoner

Vitenskapelige teknikker for meditasjon lært av Paramahansa Yogananda. Leksjonene, som omfatter Kriya Yoga — så vel som hans ledelse i alle aspekter av et balansert åndelig liv — er presentert i Self-Realization Fellowship Lessons. For nærmere informasjon, vennligst be om å få tilsendt gratisheftet "Undreamed-of Possibilities". Tilgjengelig på engelsk, spansk og tysk.

SELF-REALIZATION FELLOWSHIP
3880 San Rafael Avenue
Los Angeles, CA 90065-3298
Tel (323) 225-2471 • Fax (323) 225-5088

www.yogananda-srf.org

www.ingramcontent.com/pod-product-compliance
Lightning Source LLC
Chambersburg PA
CBHW032012040426
42448CB00006B/601